Q&A
よくわかる証券検査・課徴金調査の実務

大久保暁彦／加藤 豪／渋谷武宏
白井 真／長谷川紘之／三宅英貴
［著］

一般社団法人 金融財政事情研究会

はしがき

　筆者らは、かつて任期付公務員として、証券取引等監視委員会（以下、「証券監視委」という）または財務省関東財務局証券取引等監視官部門（以下、総称する際は「証券監視委等」という）において、金融商品取引業者等に対する証券検査、内部者取引や相場操縦、風説の流布・偽計等の不公正取引に係る取引審査および取引調査（国際取引等調査を含む）、ならびに粉飾決算等の開示規制違反行為に係る開示検査等の業務に従事した経験を有しています。また、現在、筆者らの多くは法律事務所等において金融商品取引業者や事業会社等から上記の検査・調査（以下、「検査等」という）に関するご相談等をいただく立場にあります。

　これらの経験を通じて、筆者らは、多くの市場関係者（金融商品取引業者等、上場会社等および機関投資家等の業務に従事する関係者等）の方々と接する機会がありますが、そういった機会を通じて、市場関係者の方々が、検査等の制度の枠組みや手続について必ずしも十分な理解を有しているとは限らないと実感することがあります。

　証券監視委等による検査等は、金融商品取引法が目的とする国民経済の健全な発展や投資者保護の観点からきわめて重要であることはあらためて申し上げるまでもありません。

　しかし、制度の枠組みや手続に関する理解不足等のために検査等がスムーズに進まず、そのことに起因して本来あるべき適正妥当な検査等の結果が得られない事態が生じれば、検査等の対象先と証券監視委等の双方にとって望ましからざる事態であることはもちろん、大局的見地からは国民経済の健全な発展および投資者保護の観点からも望ましからざる事態といえます。

　このような問題意識から、本書では、筆者らの職務経験に基づく感想をふまえ、検査等の制度や手続ならびに実務上生じることの多い疑問点等を解説

することにいたしました。本書の設問および解説のもととなりましたテーマは、筆者らが平成26年に金融法務事情1985号から1989号にかけて5回にわたり連載した、「証券検査・課徴金調査の実務」と題する論稿が基礎となっております（「金融商品取引業者等に対する証券検査の概要（その1～3）」「取引調査の概要」「上場企業に対する開示検査の実務」）。本書では、上記連載では紙幅の都合上取り上げられなかったテーマも新たに追加するとともに、可能な限り最新の情報にアップデートし、また読みやすさ、わかりやすさに重きを置き、表現を含め、全面的に上記連載の見直しを行い、全50問のQ&A形式で解説を行っております。本書が市場関係者の検査等に対する理解、それを通じた実務のさらなる発展に何がしか貢献できるのであれば、望外の喜びです。

　なお、本連載における意見にわたる部分は、筆者らの個人的見解であり、筆者らが現在所属し、または過去に所属していた法律事務所、官庁、企業、組織およびその他の団体等の見解ではないことを申し添えます。

　最後になりますが、本書執筆編集にあたり多大なご尽力をいただきました一般社団法人金融財政事情研究会出版部および同部高野雄樹氏に心から感謝を申し上げます。

平成27年5月

執筆者一同

【著者略歴】

大久保　暁彦（おおくぼ　あきひこ）

篠崎綜合法律事務所・弁護士

2000年早稲田大学法学部卒。2002年10月弁護士登録。岩田合同法律事務所、新保法律事務所等を経て、2008年12月から2010年12月まで財務省関東財務局証券取引等監視官部門証券検査官（任期付公務員）。2011年1月から白石綜合法律事務所パートナー、2014年4月から現事務所パートナー。前記証券取引等監視官部門では、証券検査を行うとともに、インサイダー取引・相場操縦等の不公正取引審査も行う。共著書として、『事例詳解インサイダー取引規制』（金融財政事情研究会）、『新会社法A2Z非公開会社の実務』（第一法規）、『契約書式実務全書(2)(3)』（ぎょうせい）など。

加藤　豪（かとう　たける）

アフラック（アメリカンファミリー生命保険会社）・弁護士

2001年東京大学経済学部卒。2002年10月弁護士登録。アンダーソン・毛利・友常法律事務所を経て、2010年7月から2012年7月まで証券取引等監視委員会事務局取引調査課証券調査官（任期付公務員）。前記取引調査課では、インサイダー取引・相場操縦等の不公正取引事案の調査を行うとともに、指定職員として課徴金審判事件に従事する。2012年8月より現職。共著書として、『事例詳解インサイダー取引規制』（金融財政事情研究会）など。

渋谷　武宏（しぶや　たけひろ）

アンダーソン・毛利・友常法律事務所・弁護士

1995年東京大学経済学部卒。大手証券会社勤務を経て2003年弁護士登録。都内の法律事務所勤務を経て2006年1月から2008年12月まで財務省関東財務局証券取引等監視官部門証券検査官（任期付公務員）。2009年1月から現職。前記証券取引等監視部門では、証券検査を行うとともに、インサイダー取引・株価操縦等の不公正取引審査も行う。共編著書として、『事例詳解インサイダー取引規制』（金融財政事情研究会）、『投資信託の検査とプロセス別留意点』（金融財政事情研究会）『金融商品取引法違反への実務対応―虚偽記載・インサイダー取引を中心として』（商事法務）、『金融商品取引法の諸問題』（商事法務）など。

白井　真（しらい　まこと）

光和総合法律事務所・弁護士
2001年早稲田大学法学部卒。2003年10月弁護士登録。同月光和総合法律事務所入所。2008年4月から2010年3月まで財務省関東財務局証券取引等監視官部門証券検査官、2010年4月から2012年6月まで証券取引等監視委員会事務局証券検査課専門検査官（任期付公務員）。2012年7月より同事務所復帰。前記証券取引等監視官部門および証券検査課では、証券検査を行うとともに、インサイダー取引・相場操縦等の不公正取引審査等も行う。共編著書として、『事例詳解インサイダー取引規制』（金融財政事情研究会）、『詳説新会社法の実務』（財経詳報社）、『実務解説会社法Q&A』（ぎょうせい）。

長谷川　紘之（はせがわ　ひろゆき）

片岡総合法律事務所・弁護士
1999年東京大学法学部卒・2007年University of Southern California Gould School of Law卒業。2001年10月弁護士登録。同月長島・大野・常松法律事務所入所、2011年4月から2012年10月まで証券取引等監視委員会事務局市場分析審査課課長補佐・取引調査課国際取引等調査室証券調査官（兼任・任期付公務員）として不公正取引事案の調査に従事するとともに、インサイダー取引等の不公正取引審査を行う。2013年2月より現職。共著書として、『事例詳解インサイダー取引規制』（金融財政事情研究会）、『新しい信託30講』（弘文堂）。

三宅　英貴（みやけ　ひでたか）

新日本有限責任監査法人・弁護士
1996年慶應義塾大学法学部法律学科卒。2000年4月に検事に任官し、東京地検、札幌地検、仙台地検勤務を経て2004年6月に弁護士登録。英国系法律事務所での勤務を経て、2010年1月から2013年6月まで証券取引等監視委員会事務局開示検査課主任証券調査官として上場企業に対する開示検査に従事するとともに、取引調査課証券調査官を併任してクロスボーダーの不公正取引事案の調査等に従事。2013年7月より現職。共著書として、『新会社法A2Z非公開会社の実務』（第一法規）など。

凡　例

1．主要法令等の略記方法

金商法	金融商品取引法
金商法施行令	金融商品取引法施行令
業等府令	金融商品取引業等に関する内閣府令
課徴金府令	金融商品取引法第六章の二の規定による課徴金に関する内閣府令
検査マニュアル	金融商品取引業者等検査マニュアル
監督指針	金融商品取引業者等向けの総合的な監督指針
証券検査基本指針	証券検査に関する基本指針
証券検査基本方針・計画	証券検査基本方針及び証券検査基本計画
取引調査指針	取引調査に関する基本指針
活動状況（26年版）	証券取引等監視委員会の活動状況（平成26年6月）
平成17年7月14日パブコメ	「『証券検査に関する基本指針』の策定について」（別紙1）「コメントの概要とコメントに対する証券取引等監視委員会の考え方」
平成21年6月26日パブコメ	「『証券検査に関する基本指針』の一部改正（案）に対するパブリックコメントの結果について」（別紙1）「コメントの概要とコメントに対する証券取引等監視委員会の考え方」
よくある質問	証券検査に関する「よくある質問」
開示検査基本指針	開示検査に関する基本指針
犯収法	犯罪による収益の移転防止に関する法律
投信法	投資信託及び投資法人に関する法律
資産流動化法	資産の流動化に関する法律
社債等振替法	社債、株式等の振替に関する法律

独占禁止法	私的独占の禁止及び公正取引の確保に関する法律
情報公開法	行政機関の保有する情報の公開に関する法律

2．主な判例集、法律雑誌の略記方法
《判例集》
民集	最高裁判所民事判例集
刑集	最高裁判所刑事判例集

《法律雑誌》
金法	金融法務事情
判時	判例時報
判タ	判例タイムズ
金判	金融・商事判例

目　次

第1章　証券検査

Q1　「証券検査」とは何ですか……………………………………………2
Q2　証券検査の検査対象先にはどのような業者が含まれますか…………4
Q3　証券監視委の検査対象者数は、どの程度あって、年間どの程度の検査が実施されていますか。当社は、第一種金融商品取引業者ですが、どの程度の頻度で検査を受けますか………………………6
Q4　証券検査を実施する検査機関はどのような組織ですか。また、検査対象先によって検査機関に違いはありますか……………………10
Q5　検査対象先はどのように選定されますか………………………………13
Q6　証券検査手続の流れを教えてください…………………………………16
Q7　検査着手前および着手時の手続について教えてください……………20
Q8　証券検査を拒否することはできますか。また拒否するとどうなってしまいますか………………………………………………………23
Q9　現物検査とはどういった検査ですか。また、現物検査を受ける場合の注意点は何ですか……………………………………………26
Q10　主任検査官からヒアリングを実施するということを告げられました。ヒアリングを受ける際の留意点を教えてください。また、何を聞かれるか不安なので、当社の顧問弁護士の立会いを求めようと思いますが、可能ですか………………………………………28
Q11　私は第一種金融商品取引業者のコンプライアンス部長ですが、主任検査官から、営業員の顧客に反面調査を実施すると告げられました。反面調査を受けるうえで、留意すべき点を教えてください……………………………………………………………………30

Q12 事実整理に際して、整理票、質問票への記名（署名）・捺印を求められた場合の留意点を教えてください……………………32
Q13 検査期間中の情報管理をどうすればよいかについて教えてください。また、弁護士等の外部の第三者に対する相談はどのように行えばよいか教えてください……………………………………35
Q14 エグジット・ミーティングとは何ですか………………………39
Q15 臨店検査終了後、検査結果が伝えられるのはいつですか………41
Q16 講評とは何ですか…………………………………………………43
Q17 意見申出制度とは何ですか………………………………………46
Q18 証券監視委による行政処分を求める勧告とは何ですか………48
Q19 行政処分とは何ですか……………………………………………49
Q20 聴聞とは何ですか…………………………………………………50
Q21 業務停止命令や業務改善命令などの不利益処分は公表されますか……53
Q22 業務改善命令を受けた後はどうなりますか……………………54
Q23 証券監視委等に提出した検査関係情報は、情報公開法に基づき公表されますか……………………………………………………55
Q24 証券会社などについては日本証券業協会による監査も行われていますが、監査はどのように行われますか………………………58
Q25 日本証券業協会による監査の実施状況や処分状況の実態は、どのようなものですか………………………………………………61

第2章　不公正取引調査

Q26 「取引調査」とは何ですか………………………………………66
Q27 どのような取引が取引調査の対象になりますか………………69
Q28 他人の名義で取引を行った場合も、取引調査の対象になりますか……………………………………………………………………72

Q29 当社は上場会社ですが、たまたま当社のインサイダー取引規制上の「重要事実」を知っていた従業員が当該重要事実を知っていたこととは無関係に当社株式を売買してしまいました。この場合、当該従業員は、課徴金納付命令の対象になりますか……………74

Q30 取引調査に関する調査機関は、どのような権限を有していますか………………………………………………………………………………77

Q31 証券監視委からインサイダー取引の疑いがあるとして取引調査が行われる場合、その調査内容はどのようなものですか……………79

Q32 当社株式についてインサイダー取引が行われた疑いで、証券監視委から当社に接触がありましたが、当社に対してはどのような調査が行われますか………………………………………………………82

Q33 クロスボーダー取引の調査はどのように行われていますか…………84

Q34 証券監視委による取引調査の結果、インサイダー取引が認められた場合は、どうなりますか………………………………………………86

Q35 証券監視委による取引調査の結果、インサイダー取引が認められなかった場合は、どうなりますか……………………………………87

Q36 証券監視委による取引調査の結果、インサイダー取引が認められた場合、違反者の氏名等が公表されることはありますか……………89

Q37 インサイダー取引に関し課徴金納付命令の勧告があった場合に行われる課徴金審判手続とはどのようなものですか…………………91

Q38 当社に対して、ある従業員がインサイダー取引を行った疑いで、証券監視委より調査が入りました。一部の従業員が、証券監視委からヒアリングを受けているのですが、まずは、会社としてどのような対応をしたらよいですか………………………………………95

Q39 Q38の事例で、当該従業員について、なんらかの問題のある行為があったようすです。当社において社内調査を行いたいのですが、可能ですか……………………………………………………………98

目 次 ix

Q40　Q38の事例で、社内調査を行うことになりましたが、インサイダー取引の社内調査について留意すべき点は何ですか……………101

Q41　Q38の事例で、当社としては、当該従業員を解雇したいと考えているのですが、可能ですか………………………………………105

Q42　証券監視委が行う調査として、ほかに犯則調査というものがあると聞きますが、どのような調査ですか………………………107

第3章　開示検査

Q43　「開示検査」とは何ですか……………………………………114
Q44　開示検査はどのような目的で実施されますか………………116
Q45　上場企業はどのような場合に開示検査の検査対象先に選定されますか……………………………………………………………120
Q46　開示検査では、上場企業の会計監査を行っている監査人（監査法人または公認会計士）も検査に対応する必要がありますか……123
Q47　不適正な会計処理等の疑義について外部調査委員会を設置して調査を実施する場合の留意点を教えてください………………125
Q48　開示検査では、開示書類のどのような項目に差異が生じると「重要な事項」についての虚偽記載と判断されますか…………129
Q49　企業が提出したある有価証券報告書が開示検査の対象となり、検査の過程で訂正報告書の提出を強く促されましたが、応じなければならないのですか…………………………………………131
Q50　開示検査の過程で検査対応や過年度決算の訂正につき、弁護士や外部のアドバイザーに相談する場合、証券監視委に対する許可や報告といった手続は必要ですか……………………………134

事項索引………………………………………………………………136

第 1 章

証券検査

Q1 「証券検査」とは何ですか

A 証券検査とは、公益または投資者保護のため必要かつ適当であると認めるときに、内閣総理大臣から委任を受けた金融庁長官から再委任を受けた証券監視委およびその下部組織である財務局等が行う金融商品取引業者等の業務または財産状況等に関する検査のことをいいます（金商法56条の2第1項等）。

解　説

1 「証券検査」の意味

　証券会社、投資運用会社、投資助言・代理業者といった金融商品取引業者あるいは格付会社といわれる信用格付業者などは、投資家と有価証券の発行市場および流通市場との橋渡し役あるいは投資判断における重要な情報の供給源となるなどの金融・資本市場における重要な役割を担っています。

　そこで、公益または投資者保護のため必要かつ適当であると認めるときに、内閣総理大臣から委任を受けた金融庁長官ならびに金融庁長官から再委任を受けた証券監視委およびその下部組織である財務局等がこれらの業者の業務における法令遵守状況や財産状況等に関する検査を実施しており、これを証券検査と総称しています。この点、証券監視委は、検査の目的として「市場の公正性・透明性の確保及び投資者保護を図るため、金融商品取引業者などの業務や財産の状況の検査を通じて、金融商品取引業者などが、自己規律に立脚し、法令や市場ルールに即した業務運営を行うとともに、ゲートキーパーとしての機能を発揮するなど、市場における仲介者としての役割を適切に果たすよう促すことにより、投資者が安心して投資を行える環境を保つこと」と説明しています（活動状況（26年版）25頁）。

　たとえば、金商法56条の2第1項に基づき、金融商品取引業者（証券会社）等その他の者に対して行われる業務もしくは財産の状況もしくは帳簿書類そ

の他の物件の検査などは、証券検査の代表例としてあげられます。

2　「検査」と「監督」

　金融庁は、銀行や金融商品取引業者その他の業者に対する検査その他の監督権限を有していますが（金融庁設置法4条3号リ等）、検査を行う部門と監督を行う部門は「検査局」や「監督局」といった別個独立の部門として設置されていることが特色です（金融庁組織令2条）。

　「検査」と「監督」の違いですが、対象先の実態を把握する手段という観点からみれば、オフサイト（対象先の実地調査を伴わない）であるか（監督）、オンサイト（対象先の実地調査を伴う）であるか（検査）という点が重要な相違としてあげられます。

　つまり、証券検査とは金融商品取引業者等に対してオンサイト、すなわち検査対象先の業者の本店または支店等に直接臨店して行われる業務または財産状況に関する検査を伴う検査を意味するということができます。なお、近時、大手証券会社など大規模な業者の検査については、監督部門との連携がいっそう図られるようになってきており、平成27年度の証券検査基本方針・計画によると、オフサイト（監督）のモニタリングによる年間を通じた業務実態の把握と、これにより把握した課題やリスクを強く意識した検査が実施される方針がうたわれています。

　ところで証券監視委は、検査は、検査対象先のありのままの実態を把握する必要があると説明しています（平成17年7月14日パブコメ）。

　このような考えに基づき、証券検査は原則として無予告で行われ、主任検査官が相応の数の検査官とともに、検査対象先の本店または必要に応じて支店もしくはその他営業所等を訪れることから始まりますが、検査対象先の本店、支店またはその他営業所等を訪問して、帳簿書類等の必要書類その他の物件を検査する方法は臨店検査と呼ばれています（なお、臨店検査以外の方法により検査が実施されることもあるので、臨店検査は証券検査の手法の一つと位置づけられることになる）。

Q2 証券検査の検査対象先にはどのような業者が含まれますか

A 証券会社を含む第一種金融商品取引業者をはじめとして、金商法、投信法、資産流動化法、社債等振替法、犯収法といった法律の規定において証券検査の検査対象先となる業者が規定されており、証券検査の検査対象先は、金融・資本市場に関係する多種多様な業者が含まれます。また、検査対象先は、法改正により順次拡大する傾向にあります。

解　説

1　証券検査の対象先となる主な業者

　証券検査の対象先は、金商法、投信法、資産流動化法、社債等振替法、犯収法といった法律の規定において検査対象先となる業者が規定されており、多種多様な業者が含まれます。

　検査対象先となる主な業者として次のような者があります。

	検査対象先となる業者	根拠規定
1	金融商品取引業者等 ・第一種金融商品取引業者 ・第二種金融商品取引業者 ・投資運用業者 ・投資助言・代理業者 ・登録金融機関	金商法56条の2第1項、犯収法15条1項
2	特例業務届出者	金商法63条8項、犯収法15条1項
3	金融商品仲介業者	金商法66条の22
4	信用格付業者	金商法66条の45第1項
5	認可金融商品取引業協会	金商法75条
6	認定金融商品取引業協会	金商法79条の4
7	金融商品取引所	金商法151条
8	金融商品取引清算機関	金商法156条の15

9	証券金融会社	金商法156条の34、犯収法15条1項
10	指定紛争解決機関	金商法156条の58
11	取引情報蓄積機関	金商法156条の80
12	投資信託委託会社等	投信法22条1項
13	投資法人	投信法213条2項
14	特定目的会社	資産流動化法217条1項
15	振替機関	社債等振替法20条1項、犯収法15条1項

　なお、これらは証券検査の対象となる検査対象先の一部であり、実際には上記以外の業者や各業者の主要株主や子会社あるいは業務の委託を受けた者なども検査対象先となっていることがあります。

2　検査対象範囲の拡大と検証の目的となる対象事項の拡大

　上記のような検査対象先は、法改正によりその範囲が近年拡大しています。すなわち、平成19年9月の金商法施行による集団投資スキーム持分販売業者等、平成22年4月の改正金商法施行による信用格付業者および指定紛争解決機関等、平成24年11月の改正金商法施行による取引情報蓄積機関など、近年の法改正により新たに検査対象先とされる業者が出現しています。近時も、平成26年改正金商法によりクラウドファンディング業者についての法整備がなされていますが、これを受け、証券監視委は、平成27年度の証券検査基本方針・計画において、クラウドファンディング業者に対する検査態勢を整備すると述べています。

　また、平成19年9月の金商法施行により規定された金商法51条に基づき、公益または投資者保護のため必要かつ適当であると認められる場合の業務の方法の変更等を命ずることができる旨の行政処分が可能となったことをふまえ、証券検査では、それ以前において主流であった個別の法令違反の有無について検証することを主眼とする考え方から、内部管理態勢等の検査対象先の業務の運営状況が適切であるかどうかといった点にも着目した検査を実施するとの大きな考え方の転換が図られました。

Q3 証券監視委の検査対象者数は、どの程度あって、年間どの程度の検査が実施されていますか。当社は、第一種金融商品取引業者ですが、どの程度の頻度で検査を受けますか

A 平成25年度ベースで、証券監視委等の検査対象者数は合計約7,800業者、検査に着手した先は271業者となっています。このうち第一種金融商品取引業者の検査対象者数が約280業者、検査に着手した第一種金融商品取引業者が69業者となっています。したがって、定例検査を前提にしますと、第一種金融商品取引業者では、約4年に1回の頻度で検査が実施されることが想定されます。

【解　説】

　Q2で解説しましたように、証券監視委等による現在の主な検査対象先は、第一種金融商品取引業者、第二種金融商品取引業者、投資運用業者、投資助言・代理業者、登録金融機関、金融商品仲介業者、信用格付業者、適格機関投資家等特例業務届出者、自主規制機関等となっています。

1　第一種金融商品取引業者等（継続的に検査を行う対象）について

　平成25年度の検査計画では、第一種金融商品取引業者等150業者に対する検査を計画し、平成26年6月に公表された実績としては、97業者（第一種金融商品取引業者69業者、登録金融機関9業者、投資運用業者等19業者（投資運用業者16業者、投資法人3法人））に対し検査に着手されました。このうち、66業者（第一種金融商品取引業者41業者、登録金融機関9業者、投資運用業者等16業者（投資運用業者13業者、投資法人3法人））については、同年度中に検査が終了しました。この実績を前提にしますと、第一種金融商品取引業者については、約4年に1回の頻度で検査が実施されることが想定されます。

　なお、平成23年度および同24年度において検査に着手し、同24年度末まで

に検査が終了していなかった60業者（第一種金融商品取引業者22業者、登録金融機関5業者、投資運用業者33業者）については、同25年度末までにすべての検査が終了しています。

2　第二種金融商品取引業者等（随時検査を行う対象）について

　平成25年度においては、第二種金融商品取引業者、投資助言・代理業者、適格機関投資家等特例業務届出者、金融商品仲介業者等に対する検査は、随時実施することとされていましたが、平成26年6月に公表された実績としては、第二種金融商品取引業者108業者、投資助言・代理業者29業者、適格機関投資家等特例業務届出者23業者、金融商品仲介業者8業者の計168業者に対し検査が着手されました。このうち、第二種金融商品取引業者50業者、投資助言・代理業者7業者については、登録事項検査となっています。この登録事項検査とは、第二種金融商品取引業者および投資助言・代理業者については、登録後できるだけ早期に、登録申請書等に記載されたとおりの業務運営体制が構築されているかを把握するための検査をいい、通常は、登録後間もなく、1名程度の検査官が被検査対象先に臨店し、1日程度滞在して、登録時に申請した内部管理態勢に従って業務が行われているかなどの検査がされています。この登録事項検査で問題がなければ臨店はすぐに終了しますが、この検査で問題等が認められると、その後、引き続き通常検査に移行していくことも想定されています。

　平成25年度に検査着手したもののうち、120業者（第二種金融商品取引業者77業者、投資助言・代理業者23業者、適格機関投資家等特例業務届出者13業者、金融商品仲介業者7業者）については、同年度中に検査が終了しました。このうち、第二種金融商品取引業者44業者、投資助言・代理業者7業者については、登録事項検査となっています。また、平成23年度および同24年度において検査に着手し、同24年度末までに検査が終了していなかった第二種金融商品取引業者5業者、投資助言・代理業者18業者、適格機関投資家等特例業務届出者9業者、金融商品仲介業者3業者の計35業者については、同25年度

末までに2業者(第二種金融商品取引業者1業者、投資助言・代理業者1業者)を除き、すべての検査が終了しました。このうち、投資助言・代理業者1業者については、登録事項検査となっています。証券監視委は、平成27年度の証券検査基本方針・計画においても、第二種金融商品取引業者および投資助言・代理業者については登録事項検査が引き続き実施される計画を述べています。

3 平成25年度の検査実施状況

業務の種別	計画 [検査先数] (注1)	実績 [検査先数] (注1) (着手ベース)	実績 [延べ数] (注2) (着手ベース)	検査対象業者数 (注3) [延べ数] (注2)	実績 [検査先数] (注1) (検査終了ベース)	(うち平成23年度、24年度着手分)
第一種金融商品取引業者	150業者	69	70	278	63	22
登録金融機関		9	9	1,107	14	5
投資運用業者		16	27	314	46	33
投資法人		3	3	60	3	0
信用格付業者		0	0	7	0	0
第二種金融商品取引業者	随時実施	108	146	1,272	81	4
投資助言・代理業者		29	81	1,008	40	17
適格機関投資家等特例業務届出者		23	34	3,022	22	9
金融商品仲介業者		8	11	791	10	3

自主規制機関等	必要に応じて実施	3	3	13	3	0
その他	－	－	3	3	－	1	0
合計		271	387	7,872	283	93

(注1)「検査先数」については、検査対象先が複数の業務の種別の登録を受けている場合に、主たる業務に基づき分類・計上している。

(注2)「延べ数」については、検査対象先が複数の業務の種別の登録を受けている場合に、当該登録を受けているすべての業務の種別に計上している。

(注3) 検査対象業者数は、平成26年3月末時点のものである。

(出所) 平成26年6月「証券取引等監視委員会の活動状況」

Q4 証券検査を実施する検査機関はどのような組織ですか。また、検査対象先によって検査機関に違いはありますか

A 　Q1で解説しましたように、証券検査は、法令上は内閣総理大臣の権限となっていますが、これが金融庁長官に委任され、金融庁がさらに証券監視委に再委任するという形式により、実際の検査は証券監視委およびその地方支分局である財務局等が実施しています。
　検査対象先の区分によって、証券監視委と財務局等のいずれが検査実施機関となるかが決定されます。

　　　　　　　　　　　解　説

　証券監視委は、証券検査を金融庁長官から委任を受けて実施しており（金商法56条の2第1項、194条の7第2項1号および3項等）、証券監視委事務局に設置された証券検査課が証券検査を行っています（金融庁組織規則11条、14条）。財務局等は証券監視委からさらに委任を受け（金商法194条の7第7項）、各局に設置された証券取引等監視官（部門）が証券検査を行っています。
　一般に、証券検査のうち、証券監視委が実施する検査を委員会検査、財務局等証券取引等監視官（部門）が実施する検査を財務局検査と称することがあります。両者は基本的に検査対象先の区分（金融庁監理業者であるか財務局監理業者であるかの監理区分）に応じて実施されています。
　委員会検査と財務局検査の相違については、一概にはいえないところですが、委員会検査は、多数の検査官あるいは、リスク管理、システム監査、不動産鑑定その他の専門的能力を有する検査官を長期間投入することが必要となる大規模な検査の際に実施されるという特徴があります。また、具体的な検査対象先の属性でいえば、大手証券会社など主要な金融商品取引業者等あるいは信用格付業者に対する検査や資本市場全体に波及する可能性のある問

題点が想定される検査対象先などに対して実施されています。他方、財務局検査は、主として、各地方に所在する多数の中小規模の金融商品取引業者等の法令遵守状況について検証しています。なお、全検査対象先数に占める範囲という点では財務局検査の範囲は広範に及んでいます。すなわち、第一種金融商品取引業者、第二種金融商品取引業者、投資運用業者および投資助言・代理業者が全2,016業者（平成27年2月28日現在）あるなかで、金融庁監理業者293業者以外の業者は財務局等の監理業者ですので、全体の約9割近くにも及んでいます（金融庁の公表資料（http://www.fsa.go.jp/menkyo/menkyoj/kinyushohin.pdf）から金融庁監理業者か財務局等監理業者であるかは知ることができる）。

上記のとおり、資本市場において主要な業者とされる検査先は、証券監視委が検査を実施することや想定される問題点の内容等により自ら単独で財務局等の管轄対象先を検査する場合と、証券監視委等の合同検査が行われる場合があることなどから、単純に管轄対象数を比較することによって、検査機関の役割の軽重を議論することはできません。

とはいえ、次頁表のとおり行政処分勧告の実施状況をみると、財務局検査に基づき証券監視委が行う勧告事案は多くの割合を占めており（なお、検査結果に基づく行政処分勧告自体は、証券監視委が行います。金融庁設置法20条1項）、財務局検査が検査実務において重要な役割を担っていることがわかります。筆者らの感覚としても、法令遵守状況の検証を主眼とすることが多い財務局検査に基づく行政処分勧告により金商法における金融商品取引業者等の業者規制にかかわる法令（たとえば、業等府令117条に規定されるいわゆる禁止行為など）に係る行政解釈が示されるケースが多く、実務的影響はこの点でも大きいと思われます。

このように中小規模の金融商品取引業者に対する証券検査は財務局検査により実施されるため、該当する業者にとっては、委員会検査と財務局検査の相違を認識しておくことは証券検査への対応を考えるにあたって有益です。

金融商品取引業者等に対する行政処分等に関する勧告の実施状況（平成27年2月末現在）

年度	平成4〜18	19	20	21	22	23	24	25	26
勧告件数	344	28	18 (4)	21	19	16	20	18	15
検査結果に基づく勧告	333	28	18 (4)	21	19	16	18	18	15
うち委員会の行った検査に基づく勧告	99	13	6 (1)	8	4	7	7	6	6
うち財務局等の行った検査に基づく勧告	234	15	12 (3)	13	15	9	11	13	10
取引調査、犯則事件の調査に基づく勧告	14	0	0 (0)	0	0	0	2	0	0

（出所）　証券監視委ウェブサイトより引用。

Q5 検査対象先はどのように選定されますか

A 検査対象先は、業態、規模その他の特性、その時々の市場環境等に応じて、検査対象先に関するさまざまな情報を収集・分析し、個別業者の市場における位置づけや抱えている問題点、投資者または市場に影響を与える将来顕在化が想定される各種リスクなどを総合的に勘案して、検査周期にとらわれることなく、検査の優先度を判断し、検査対象先を弾力的に選定しているものと考えられます。

解　説

　検査対象先の立場からは、証券監視委等が、どのような理由で検査対象先を選定しているかについて強い関心を抱くことと思われます。その選定につき、証券監視委は、検査対象先の具体的な選定理由は公表していませんが、その方針については、証券検査基本指針、証券検査基本方針・計画およびよくある質問において、「業態、規模その他の特性、その時々の市場環境等に応じて、検査対象先に関する様々な情報を収集・分析し、個別業者の市場における位置付けや抱えている問題点等を総合的に勘案して、リスク・ベースで検査対象先を選定する」「投資者または市場に影響を与える将来顕在化が想定される各種リスク（法令違反の蓋然性や財務の健全性のほか、経営管理態勢、内部管理態勢およびリスク管理態勢等）などを総合的に勘案して、検査周期にとらわれることなく、検査の優先度を判断し、検査対象先を弾力的に選定」するなどと説明しています。

　これらの方針においては「リスク・ベース」による選定が強調されているところ、これを実現するためには、上記方針でも述べられているとおり、さまざまな情報収集・分析やこれらをふまえたリスク分析力が必要となります。そこで、証券監視委は、監督部局（金融庁監督局証券課等）、自主規制機関（日本証券業協会、東京証券取引所自主規制法人等）および捜査当局との連

携を図るなどして、さまざまなルートあるいは角度からの情報収集や分析を実施していますが、ここでは近時重要性を増していると考えられる一般投資者や市場関係者等からのインターネット等を通じた情報収集について触れることにします。

　証券監視委ウェブサイト上の情報受付窓口（https://www.fsa.go.jp/sesc/watch/）において受け付けている情報の例をみますと、「証券会社や外国為替証拠金取引業者、運用業者、投資助言業者などによる不正行為（不招請勧誘やリスク説明の不足など）、経営管理態勢や財務内容に関する問題（リスク管理、分別管理、自己資本規制比率の算定等）などといった、金融商品取引業者等に関する情報」があげられており、実際に金融商品取引業者等に対する多数の情報が寄せられています。

　これらの情報はその数の多さをみても、これまでにも検査対象先の選定先に相応に重要な役割を果たしていたものと思われます。また、平成24年4月からは、いわゆるAIJ投資顧問による年金喪失事件に係る証券検査の結果をふまえて、「投資一任業者の業務運営の実態等を集中的に検証するとともに、年金運用に関する情報の収集・分析態勢を強化すべく、重要性・有用性の高い情報を収集するため」に「年金運用ホットライン」という専用の情報受付窓口を設けています。

　このような特定の分野に係る専用の情報受付窓口を設けるに至っていることなどに照らしますと、一般の情報受付窓口に寄せられる情報も含めて、証券監視委が、一般投資者や市場関係者から寄せられる情報の収集および分析結果を検査対象先の選定に活かしていくという姿勢はいっそう強まるものと思われます。

　また、個別業者の市場における問題点や法令違反の蓋然性等を勘案してリスク・ベースで検査対象先を選定するという点につき、これを実感できる近時の例として、いわゆる増資インサイダー問題に関連して実施された大手証券会社に対する検査事例をあげることができると思われます。すなわち、証

券監視委は、増資インサイダー問題に関して実施していた取引調査の結果に基づき、相次いでインサイダー取引に係る課徴金納付命令勧告を行いましたが、これら課徴金納付命令勧告において、証券会社がインサイダー情報の流出元となったと指摘し、そのため報道等において国内大手証券会社等における情報管理態勢の問題点が大きく取り上げられる事態となりました。

　他方、証券監視委は、従前から法人関係情報の管理の適切性に係る検証を証券検査の重点項目としていましたが、証券検査においても別途、上記情報流出元と認定した大手証券会社に対する検査を実施し、上記課徴金納付命令勧告に引き続いて行政処分勧告を行っており、これは市場における影響力の大きい重大な違法行為の可能性が生じた場合におけるリスク・ベースでの検査対象先の選定の例と考えられます。

　このように、近時の証券検査における検査対象先の選定は、幅広い情報の深度ある分析等に基づくリスク・ベースに基づき行われる方向にあるといえ、金融商品取引業者等の立場からは、検査周期だけでなく、さまざまな観点から自社の情報やリスク分析を証券監視委等が行っていることを認識して日々業務態勢を構築していく姿勢が求められます。

Q6 証券検査手続の流れを教えてください

A 証券検査手続は、証券検査基本指針にのっとって行われます。具体的には、予告を受け、または無予告のもと検査着手となり、臨店検査が開始されます。検査着手後、現物検査、ヒアリング、反面調査、事実整理等が行われ、エグジット・ミーティングを経て、臨店が終了します。その後、当局での検討期間を経て、講評が行われ、検査終了通知書の交付を受けて、検査終了となります。検査の結果、重大な法令等違反行為等がある場合には、行政処分を求める勧告（公表）がなされることもあります。

[解　説]

1　検査計画について

　証券監視委は、年度の当初に証券検査基本方針・計画を策定し、公表するものとしています。そのうえで、これらをもとに「年度検査基本計画」および四半期ごとに作成される「証券検査実施計画」が策定されます（財務局等においても同様である）。具体的な策定の際に、検査対象先（Q2参照）、検査日数、臨店検査官数、臨店検査先店舗等が決められます。なお、当該計画に従って実際の検査に着手した場合でも、検査の状況（検査対象先において発見された問題点の内容や検査対象先と検査官との問題点に対する議論の状況等）によっては検査日数や臨店検査官数等が増えることがありえます。

2　検査の開始について

　検査は、証券監視委において策定された証券検査基本指針にのっとって行われます。検査には、無予告検査と予告検査があります。検査対象先のありのままの実態を把握するため、検査は、原則として無予告で行われ、主任検査官が相応の数の検査官とともに、検査対象先の本店または必要に応じて支店もしくはその他営業所等を訪れることから始まります（金商法56条の2）。

　検査は、検査官が検査対象先を訪問して主任検査官から、検査対象先の責

任者に対し、検査命令書および検査証票が提示され着手となります。検査が着手されると、主任検査官から検査対象先の責任者に対して、①検査の権限および目的（検査対象先に係る業務運営等の全般について、各種情報、前回検査の結果および検査周期等を総合的に勘案したうえで行う一般検査、検査対象先に係る業務運営等の一部について、情報等をもとに機動的に行う特別検査の別を含む。また、検査の実効性の確保に支障が生じない範囲で、検査の重点分野にも言及される）、②検査への協力依頼、③検査のプロセス（初回検査先以外は省略可）、④検査関係情報の第三者への開示制限の概要、⑤検査モニターの概要、⑥意見申出制度の概要、⑦必要な提出資料の提示等の説明が行われます。このように、原則として、検査対象先の本店、支店またはその他営業所等を訪問して、帳簿書類等の必要書類その他の物件を検査する方法は臨店検査と呼ばれています。

　これに対して、予告検査の場合には、臨店検査着手日のおおむね1週間から2週間前に主任検査官から検査対象先の責任者に対して電話連絡が行われ、臨店検査着手日等必要な事項が伝えられます。予告検査の場合には、検査予告時に、ⅰ上記①および②の項目の説明、ⅱ臨店検査着手日の伝達ならびに、ⅲこれ以降の資料保存等の要請が行われるとともに、その後すみやかに必要な提出資料の提示が行われます。検査予告を受けて、書類や電子メールの破棄等を行うと、検査忌避行為とみなされる可能性もあるため、このような疑いを受けるような行為は厳に慎まなければなりません。上記以外の項目については、臨店検査初日までに提示および説明が行われます。

3　検査着手後の対応について

　検査が着手されると、現物検査（Q9参照）、ヒアリング（Q10参照）、反面調査（Q11参照）、事実整理（Q12参照）などが行われ、事実整理がなされた段階で、検査官と検査対象先との意見交換（エグジット・ミーティング）が行われ、臨店終了となります。エグジット・ミーティング（Q14参照）では、検査対象先の責任者、コンプライアンス担当者およびリスク管理責任者

第1章　証券検査　17

らが出席し、主任検査官から、検査の結果問題点として認識した事実関係について、検査官としての評価（法令適用および内部管理態勢の不備等）が伝えられることがあります。

4　臨店終了後について

　臨店が終了すると、検査部門において法令等違反行為等の有無が検討され、指摘事項の整理の一環として、処分勧告の要否が検討されます。証券監視委が勧告を行うか否かは、個々の事案の重大性や悪質性に加え、当該行為の背景となった内部管理態勢や業務運営態勢の適切性等を総合的に勘案して判断するとされており、金融庁が公表している行政処分の基準と整合性のあるものと考えられています。

　検査部門において、検査により検査対象先の問題点と判断した事項を、当該検査対象先に検査結果として通知する、いわゆる「指摘事項」が整理された段階で（指摘事項がない場合には可能な限りすみやかに）検査対象先の責任者に、口頭による伝達にて講評が行われます。指摘事項があると、検査で認められた法令等違反行為等が伝達されます。また、指摘事項がない場合には、その旨が伝達されます。口頭で行われることが原則であるため、検査対象先としては、それまでに提出した整理票・質問票の写しを手元に準備し、それらにおける事実認定を参考に指摘事項を確認すべきと考えられます。当該指摘事項に争いや異議がある場合には、講評後に行われる意見申出制度（Q17参照）を利用することも考えられます。なお、臨店検査終了後、講評までの期間は、検査終了通知の交付が、臨店検査終了後3月以内をメドに行うとされているため、その期間内であると考えられます。しかし、複雑な事案になればその期間も伸びることがあります。

5　検査の終了について

　検査が終了すると、検査対象先の責任者に対して、検査終了通知が交付されます。

図表　証券検査の流れのイメージ図

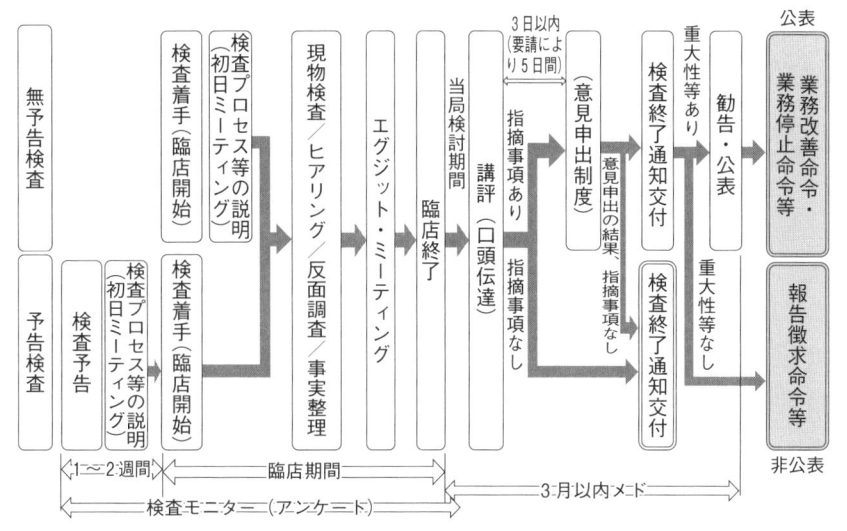

6　勧告について

　証券監視委は、検査の結果、必要があると認められた場合は、内閣総理大臣および金融庁長官に対し行政処分その他の措置を行うことの勧告を行うことがあり（金融庁設置法20条1項）、勧告に至った事案については、検査終了後、直ちに公表します。その際、証券監視委が、「行政処分を行うよう勧告」ではなく、「その他の適切な措置を講ずるよう勧告」を行う場合があります。後者は、業者自身ではなく、その役職員のうちの外務員に対する措置を講ずることを求める、いわゆる「外務員個人勧告」の趣旨を含むものとなります。この場合、業者に対する行政処分が行われないのが通例です。

第1章　証券検査　19

Q7 検査着手前および着手時の手続について教えてください

A 検査は、検査官が、原則として無予告で検査対象先を訪問して、主任検査官から検査対象先の責任者に対し、検査命令書および検査証票が提示され着手となります。検査が着手されると、主任検査官から検査対象先の責任者に対して、①検査の権限および目的、②検査への協力依頼、③検査のプロセス（初回検査先以外は省略可）、④検査関係情報の第三者への開示制限の概要、⑤検査モニターの概要、⑥意見申出制度の概要、⑦必要な提出資料の提示等の説明が行われます。なお、検査対象先の業務の特性、検査の重点事項、検査の効率性、検査対象先の受検負担の軽減等を総合的に勘案し、必要に応じて臨店検査着手日のおおむね1週間から2週間前に主任検査官から検査対象先に対して検査が予告され、上記の事項が伝えられます。

―― 解　説 ――

　検査は、検査対象先のありのままの実態を把握するため、原則として検査対象先に対して無予告で、主任検査官が相応の数の検査官を連れて、検査対象先の本店または必要に応じて支店もしくはその他営業所等を訪れることから開始（検査着手）されます（平成17年7月14日パブコメ）。

　検査着手時、主任検査官は、検査対象先の責任者に対し、検査命令書および検査証票を提示し、検査対象先の責任者に対して、①検査の権限および目的（一般検査・特別検査の別や、検査の実効性の確保に支障が生じない範囲で、検査の重点分野も説明される）、②検査への協力依頼、③検査のプロセス（初回検査先以外は省略されることがある）、④検査関係情報の第三者への開示制限の概要（なお、この点についてはQ13であらためて説明する）、⑤検査モニターの概要、⑥意見申出制度の概要、⑦必要な提出資料の提示等の説明が行われます。

上記のうち、「一般検査」とは、「検査対象先に係る業務運営等の全般について、各種情報、前回検査の結果及び検査周期等を総合的に勘案した上で行う検査」を意味し、「特別検査」とは、「検査対象先に係る業務運営等の一部について、情報等を基に機動的に行う検査」をいいます。この定義から明らかなとおり、自社に対する検査が特別検査であった場合、なんらかの情報等により当該検査対象先に対して特に検査を実施する必要性を証券監視委等が認めていることを示しますが、検証対象となる業務分野自体は一般検査よりも狭くなるため臨店検査の実施期間も短くなる傾向があります。

　以上が原則ですが、検査対象先の業務の特性、検査の重点事項、検査の効率性、検査対象先の受検負担の軽減等を総合的に勘案し、必要に応じて臨店検査着手日のおおむね1週間から2週間前に主任検査官から検査対象先に対して検査が予告され、上記の事項が伝えられます。

　どのような検査対象先について予告検査が行われるのかという点を具体的にあげると、筆者らの経験上は、現時点では、委員会検査の検査対象先となる業者のうち大規模かつ広範な事業を展開する業者（たとえば、大手証券会社等）の検査について予告が行われており、財務局検査についてはほぼ無予告検査が実施されています。

　さらに、臨店検査が開始されると、法令等の遵守状況等を検証するうえで端緒となるべき検査対象先に係る情報を広く求めるとの観点から、原則として、臨店検査着手日（予告検査の場合には予告日）から、一定の期間（原則として、臨店検査着手日（予告検査の場合にあっては検査予告日）から、第一種金融商品取引業者（金融庁監理業者）については30営業日、その他は15営業日）、証券監視委のウェブサイト上で検査対象先名が公表されることが一般的に行われます（委員会検査および財務局検査いずれも公開されるが、いずれが検査主体であるかは明示されない）。もっとも、「原則として」とされることから公表されないこともあり、実際にも近時は、臨店検査が開始されても検査対象先名が前記ウェブサイト上に公表されないあるいはごく短期で公表が終了する

場合があるようです。

　たとえば、平成24年以降実施されていたと思われる年金資産運用を行う投資一任業者に対する集中検査については、公表はなされていないものと思われます。これに関しては、金融庁「投資一任業者に対する一斉調査（これまでの第２次調査の内容）」（平成24年９月４日公表）は、「第２次調査における報告内容、ヒアリングの内容、業者名や一斉調査を踏まえて順次実施される検査対象先など調査対象業者の風評被害につながりかねない事項については、公表の対象から除外しています」と述べていることから、臨店検査が開始されても検査対象先名が公表されない理由として、検査対象先の風評リスク等を考慮しているものと推認できます。

Q 8 証券検査を拒否することはできますか。また拒否するとどうなってしまいますか

A 原則として証券検査を拒否することはできないものと思われます。不当に検査を拒否すれば、検査忌避罪（金商法198条の6第11号）に該当する可能性があるうえ、法令違反行為を理由とした行政処分勧告（同法52条1項6号）がなされることも考えられます。

―― 解　説 ――

1　証券検査の性質（任意検査の意味等）

　証券検査は、捜査機関が捜索差押えの執行の際に、解錠・開封または執行場所から退去させるなど（刑事訴訟法111条、112条）、直接的物理的な強制処分を行う刑事事件の強制捜査や証券監視委による犯則事件の調査等の一環として行う強制調査（金商法211条等）とは異なり、「任意検査」と称されます。そのため、検査対象先が、責任者が不在であることを理由に検査を拒み、また拒むことはしないが、たとえば近々税務調査が行われると思われるから、などの理由を述べて、受検時期を先延ばしにしてほしいなどの交渉を行う間に検査の着手を拒否することができるかが検査忌避罪（同法198条の6第11号）の成否等と関連して問題となります。

　この点、任意検査の意義について、最高裁判所の決定（最決昭和48年7月10日刑集27巻7号1205頁（荒川民商事件））は、検査に対しては、検査対象先はこれを受忍すべき義務を一般的に負い、その履行を間接的心理的に強制されているものであって、ただ、検査対象先においてあえて検査を受忍しない場合には検査実施者はそれ以上直接的物理的にその義務の履行を強制しえないということを指すものと解されるとの判断を示しています。この決定は、税務調査権限に関する決定ですが、一般的に、その射程は行政調査権限としての性格を同じくする証券検査においても及ぶと理解されており、これによれ

第1章　証券検査　23

ば、検査対象先は、検査受忍義務を一般的に負うものであり、憶測にすぎないと考えられる税務調査を受けるなどの上記のような理由により検査を拒否し、または受検時期を交渉する間に検査の着手を拒否することはできないことになります。

つまり、「任意」とは、決して、検査対象先が検査に応じるかどうかが自由（任意）であることを意味するものではなく、これを拒否すれば上記の検査忌避罪に該当することがありえます。その意味で、証券検査は罰則の担保により受忍を強制されている「間接強制」であると表現するほうが実態を表していると思われます。間接強制の例としてしばしばあげられるものとしては、前記荒川民商事件で問題となった収税官吏の所得税に関する調査における質問検査（旧所得税法234条１項、国税通則法74条の２）や公正取引委員会が実施する調査（独占禁止法47条）等があります。

さらに、法は、検査官は検査の際はその身分を示す証票（検査証票）を携帯し、検査の相手方に提示しなければならない（金商法190条）などの手続を定めていますが、それ以外に特段検査手続の実施に関する規定を設けておらず、金商法56条の２は、「必要かつ適当であると認めるとき」に検査を実施することができる旨を規定しており、検査権限者に広い裁量を付与していると理解される規定振りとなっています。

これは、法が、検査の手続、具体的な執行方法等については、検査権限者に対し、合理的な裁量判断による選択権限を付与するものと解されます。この点は、前記荒川民商事件決定が「質問検査の範囲、程度、時期、場所等実定法上特段の定めのない実施の細目については、質問検査の必要があり、かつ、これと相手方の私的利益との衡量において社会通念上相当な限度に留まる限り、権限ある税務職員の合理的な選択に委ねられているものと解すべき……実施の日時場所の事前通知、調査の理由及び必要性の個別的、具体的な告知のごときも、質問検査を行ううえの法律上一律の要件とされているものではない」と判示していることからも理解することができるものと考えま

す。

　よって、たとえば、予告・無予告の別、検査における第三者の立会を認めるかどうかの別、録音・録画を認めるかの別など、いずれも合理的な裁量の範囲にある限りは、検査権限者たる証券監視委等の判断に検査対象先は従わなければならないと考えます。

2　検査対象先の実務上の対応の留意点

　検査は、Q6で解説したとおり、無予告で行われるのが原則であることから、検査対象先では、検査対応を行う責任者の配置、責任者が外出時の連絡手段の確保など、検査受入体制が確立できていないと、検査がスムーズに開始されず、無用の混乱を招くおそれがあり、そのような状態が継続すると、証券監視委等から不当に検査を避けているとの誤解を受ける可能性も否定できません。そのため、いつ検査が着手されても直ちに臨店検査に対応できる人的・物的体制の整備が重要となります。なお、上記のとおり不当に検査を拒否すれば、検査忌避行為として、刑事罰の対象になる可能性があるうえ、法令違反行為を理由とした行政処分勧告（金商法52条1項6号）がなされることも考えられます。実際に、無予告検査に応じられないことを理由とした検査拒否、現物検査や他の役職員へのヒアリングの拒否、および提示資料のコピーの拒否等の行為が検査忌避行為と認定されるなどして行政処分勧告がなされた事例もあります。

　もっとも、検査は、検査対象先の業務等に支障が生じないようその対応能力や就業時間等に配慮して実施されるものとされていることから、真摯に対応すべきことはもちろんですが、検査対象先が、検査官に対して、合理的に必要な配慮を求めることを躊躇する必要はないものと考えます。この点、証券監視委も、平成17年7月14日パブコメにおいて検査会場確保や必要な設備等の準備の負担が大きな負担であること、ことに無予告検査は負担が重いことから、配慮を求めたい旨のコメントに対して、可能な限り検査対象先の負担軽減に努める旨を回答しています。

Q9 現物検査とはどういった検査ですか。また、現物検査を受ける場合の注意点は何ですか

A 現物検査とは、検査官が、検査対象先の役職員が現に業務を行っている事務室、資料保管場所等に直接赴き、原資料等を適宜抽出・閲覧する検査をいいます。現物検査が滞りなく、円滑に行われることが検査の効率化を図り、検査を実効ならしめることになるため、不当に現物検査を拒否することのないように配慮が必要となります。

解　説

　検査が開始すると、無予告検査の場合には原則として直ちに、予告検査の場合には必要に応じて、現物検査（検査官が、検査対象先の役職員が現に業務を行っている事務室、資料保管場所等に直接赴き、原資料等を適宜抽出・閲覧する検査）が行われます。現物検査では、必要に応じて、検査対象先が通常の業務において行う内部監査等では行われないこともある鞄等の持ち物、机・ロッカーのなか、手帳等の確認も行われ、その結果、重大な法令等違反行為等の存在を疑わせる端緒となる資料が発見されることもあり、検査官にとっても、検査対象先の関係者にとっても緊張が生じる場面となります。現物検査が滞りなく、円滑に行われることが検査の効率化を図り、検査を実効ならしめることになるため、現物検査が開始された場合は、責任者（検査対象先代表者や検査対応責任者等）は、役職員等に対して、資料破棄の禁止・メール削除の禁止等現物検査への協力を呼びかけるなどして、積極的に検査に協力することが求められます。

　なお、もちろん、現物検査は直接的物理的強制力を行使しない態様（この意味でこれを「任意」と称する）においてなされるものであり検査官が検査対象先の承諾を得ることなく、強制的にこれを行うことはできません。

　また、純粋な私物（私物であることおよび業務と無関係であることが一見して

明らかである物）に関しては、本来は「当該金融商品取引業者等……の業務若しくは財産の状況若しくは帳簿書類その他の物件」（金商法56条の2第1項）には当たらない以上、検査権限は及ばないと解されます。しかし、検査対象先は、その役職員にとっては勤務先であり、たとえば机の引出し等に純粋な私物を持ち込んでいること自体に就業規則等に基づく職務専念義務の観点から問題があること、物の中身を確認しなければ、純粋に私物であるか否かの確認ができない以上、検査対応上の留意点としては、私物であると主張して現物検査を拒むことのないように心がけるべきでしょう。なお、証券検査基本指針では、「私物である旨の申し出があった場合であっても、必要かつ適当と認められる場合には現物検査を行うものとするが、相手方の承諾を得て現物検査を実施するよう努める」とされています。この「相手方」とは文理上、私物である旨の申出を行った当該役職員個人と解されますが、「努める」と記載されていることの趣旨を検討するに、この規定は、現物検査を実施する検査官が検査の対象物として扱うことが必要かつ適当であると合理的根拠をもって認めた場合には、客観的には私物である物についても、「業務若しくは財産の状況若しくは帳簿書類その他の物件」に該当するとの解釈を示唆するもののようにも思われます。これは、平成21年6月26日パブコメにおいて、「例えば、私物の手帳が業務に使用される等、当該私物が業務と無関係であると判断できない場合も考えられることから、私物であっても必要な検査に応じる受忍義務は法令上あるものと考えています」と回答していることからもうかがえます。この点からすると、純粋な私物であることを理由に頑なに現物検査を拒んだが、結果的に真実は純粋な私物ではなく、業務に関する物であった場合は、その現物検査を拒んだ行為自体が業務に係る重要事項を隠ぺいしているとの疑いをもたれ、場合によっては、検査忌避行為と判断される可能性もあることに留意すべきです。

Q10 主任検査官からヒアリングを実施するということを告げられました。ヒアリングを受ける際の留意点を教えてください。また、何を聞かれるか不安なので、当社の顧問弁護士の立会いを求めようと思いますが、可能ですか

A ヒアリングの実施を告げられた際には、検査官に対して、誤解のないように正確に事実を伝えることが必要となります。検査対象先に所属していない外部の専門家等の立会いは、原則として認められていないので、主任検査官の許可がない限り、顧問弁護士の立会いはできないと考えられます。

【解　説】

　臨店検査の過程において、資料説明および事実確認のため、検査対象先の役職員は検査官からヒアリングを求められることが通常です。聴取内容の任意性やヒアリングの正確性を確保する観点から、ヒアリングは、通常、検査官が単独で行うことはありません。ヒアリングを受ける対象者は、指名を受けた役職員が原則となりますが、複雑な事項等については、検査対象先のほうから、適切な他の役職員の同席を求め、これらの者から適宜適切な補足説明をさせるなどして、検査官に対して的確に、誤解のないように事実を伝えることが必要となります。ヒアリングを受ける対象者は、平常の業務を一時中断せざるをえません。対象者による回答内容が不十分であったり、検査官の疑問が解消しないと、ヒアリングが長時間に及び、当該対象者の業務に支障が生じることになりかねません。検査官にとってもヒアリングに多くの時間を費やすことになれば、効率的な検査に支障をきたす可能性があります。そのため、ヒアリングの予定を告げられた役職員としては、事実関係を整理し、十分準備をしたうえでヒアリングに臨むことが必要となります。

なお、ヒアリングに際して、検査対象先の役職員以外の弁護士等の専門家の立会いができるかについては問題となります。証券監視委は、平成17年7月14日パブコメにおいて、「ヒアリングに際しては、正確な事実の把握に支障が生じるおそれがあり、役職員以外の者の立会いや録音を原則として認めることはできませんが、講評に際しては、主任検査官が特段の事情があると判断した場合には、法令の専門家の立会いや必要な録音を認める場合もあります」という見解を示しており、基本的に弁護士等の立会いを認めていません。

　したがって、顧問弁護士の立会いを求めても、主任検査官の許可がない限り、立会いはできないものとなっているのが現状となります。なお、弁護士等の立会いの可否について、証券検査だけでなく、独占禁止法に基づく公正取引委員会の立入検査においても同様の問題が議論され、「独占禁止法審査手続についての懇談会」報告書（平成26年12月24日付）では、「立入検査において、事業者は弁護士を立ち会わせることができる。ただし、弁護士の立会いを事業者の権利として認めるものではなく、事業者は弁護士が到着しないことを理由に立入検査を拒むことはできない」という結論に整理されています。

> **Q11** 私は第一種金融商品取引業者のコンプライアンス部長ですが、主任検査官から、営業員の顧客に反面調査を実施すると告げられました。反面調査を受けるうえで、留意すべき点を教えてください

A 顧客と検査官との連絡の窓口になることが求められていると予想されます。検査官の面前で顧客に連絡をし、検査の趣旨や顧客に当社が証券監視委等の検査を受け、検査官が顧客から事実確認を行いたいと述べていることを丁寧に説明したうえで、顧客の了承を受けて、検査官に取り次ぐことが必要となります。この際、検査官の事実確認の妨げになるような行為（事前に顧客に電話をして、口裏をあわせるような行為等）をしてはなりません。

解説

　主任検査官は、検査対象先の顧客等から、検査対象先との取引状況等の確認に反面調査（顧客等から検査対象先との取引状況等の確認を行うこと）を行う必要があると判断した場合には、証券検査監理官（財務局等にあっては、証券取引等監視官）に報告し指示を受けて、反面調査を行うことができます。この反面調査は、たとえば検査対象先による顧客に対する損失補てんの疑いがある場合や、検査対象先の従業員が借名口座を利用して投機的利益を追求する取引が行われているおそれがある場合など、検査対象先における法令等違反行為等の事実を裏付けるために実施されることがあると考えられます（前者であれば補てん対象先の顧客等、後者であれば口座名義人となった者等に対して反面調査を実施することが考えられる）。また、検査対象先において大規模な投資勧誘上の問題点があった場合（たとえば、顧客に対して断定的判断や誤解を生ぜしめる内容による金融商品の勧誘を行っている可能性がある場合等）において、勧誘を受けた顧客に対して勧誘の実際の状況がどのようなものであったのかを確認するために実施されることなども想定されます。

主任検査官から、顧客等への反面調査を行いたいとの申出を受けた場合には、検査対象先の担当責任者は、検査官の面前で顧客に連絡をし、顧客に当社が証券監視委等の検査を受け、検査官が顧客から事実確認を行いたいと述べていることを丁寧に説明したうえで、顧客の了承を受けて、検査官に取り次ぐことが必要となります。ヒアリング等による事実確認は、基本的に検査官が行うことになります。

　顧客からすれば、突如、取引先の証券会社から検査に協力を求められるわけですから、顧客が驚くとともに取引先に何か問題があるのかなどといった不安の念を覚えることは十分に予想され、場合によっては後に証券会社と顧客との間でトラブルになる事態も起こりえます。したがって、顧客に反面調査の依頼を行う際には、定例の検査の一環として行われるものであること、調査の対象は顧客ではなく、会社であることなど検査の趣旨を正しく理解してもらえるように丁寧に説明することが必要となります。

　また検査対象先としては、検査官が反面調査を行うことを見越して、特に担当営業員が、顧客等にあらかじめ連絡し、事実と異なる供述を依頼し、役職員の供述の内容と食い違いが生じないように口裏をあわせるなどといったことが絶対に行われないように注意する必要があります。このような行為は、検査忌避行為と判断され、検査対象先（行為者を含む）のみならず、その顧客等も刑事罰に処せられる可能性があることを十分に認識する必要があります（金商法207条1項4号、198条の6第11号）。

Q12 事実整理に際して、整理票、質問票への記名（署名）・捺印を求められた場合の留意点を教えてください

A 質問票、整理票への記名（署名）・捺印を求められた場合には、質問内容および事実関係を十分に調査、吟味したうえで、質問票に対する回答および整理票に対する認識が正確に記載されているか否かを確認することが重要になると考えられます。

解　説

　検査官は、ヒアリングや帳簿その他の証票類の調査・検討を行うことにより問題点等を的確に把握し、主任検査官に報告後、検査対象先の役職員から書面の提出を求める等の方法により、事実関係の確認を行うことがあります。事実関係の確認の手段としては、事実経過等を記した経緯書の提出を求めることもあれば、整理票、質問票の提出を求めることもあります。

　このうち、整理票は、検査官が問題点として指摘する可能性のある事実関係および当該事実関係に対する検査対象先の認識を確認するため、必要に応じて作成されるものであり、整理票の左側欄には事実関係が、右側欄には事実関係に対する認識欄があります。また、質問票は、事実関係について検査対象先の担当者等に回答を求めるため、必要に応じて作成されるものですが、こちらは整理票を作成する前段階として、個別の事実関係を確認する際に求められることが多いといえます。いずれも検査対象先またはその担当者が回答することになるため、当局が事実認定をする際の証拠価値には本質的な差異はないものと考えられますが、整理票は、法令等違反行為等があると疑われる際に作成され、事実に対する認識欄への記名（署名）・捺印をも求められるため、検査対象先にとっては、影響度の大きい書類になると考えられます。

法律事務所に勤務する弁護士の立場としての筆者らの実務上の経験として、検査開始後、検査官から質問票への回答を求められ、その回答欄に回答をした後や整理票への「事実関係に対する認識」欄（以下、「認識欄」という）への認識の記載を求められ、これを記載する段階になってはじめて専門家らへの相談を検討し、主任検査官に対して弁護士に相談する旨の報告等を行ったうえで、回答欄、認識欄への記載方法等について、相談に赴く検査対象先の関係者が多い印象を受けます。また、認識欄に認識を記載し、記名（署名）・捺印をし、主任検査官に提出した後になってはじめて、主任検査官に対する上記報告等が行われたうえで、同様に相談を受けることもあります。

　特段、事実関係に争いがなければこのような対応でも問題はないと考えられますが、筆者らが、検査対象先の関係者から整理票に関する法律相談を受けて、当該関係者に事実関係をヒアリングしてみると、当該関係者が認識している事実と、整理票に記載された事実関係が微妙に異なっていることも見受けられます。認識欄への記載前であれば、相違点を認識欄に整理して記載することを助言することも可能となりますが、相違点を特段指摘することなく、また事実関係に記載された事実が検査対象先からみて不十分な内容となっているにもかかわらず、認識欄に「事実関係に相違ありません」とだけ記載して、記名（署名）・捺印をして、すでに整理票を提出していると、その内容を訂正するために、主任検査官に整理票等の差替えを依頼する必要などが生じ、いったん事実を整理した主任検査官に作業事務等の負担を強いるおそれがあります。また主張の変遷について合理的な理由を説明できないなど、場合によっては、主張内容の不合理な変遷とも受け取られ、変遷後の本来の主張の信用性に疑問を生じさせるおそれもあり、いずれにしても、検査対象先および検査官の双方にとって好ましい状況とはいえないと考えられます。

　したがって、評価の対象となる事実関係等を確認するために必要性が見込

まれる場合には、なるべく早い段階から主任検査官に弁護士等の専門家へ相談することの了承を得るように心がけるべきといえます。主任検査官としても、不必要な事実の確認を行い検査の実効性を阻害するものでなければ、事実関係を適切に整理するための弁護士等へ照会をすることまでも拒否することは想定しがたく、結果的に双方にとって妥当な結果につながるものと思われます。

Q 13 検査期間中の情報管理をどうすればよいかについて教えてください。また、弁護士等の外部の第三者に対する相談はどのように行えばよいか教えてください

A 検査期間中の情報管理については、特に、検査中の検査官からの質問、指摘、要請その他検査官と検査対象先の役職員等とのやりとりの内容および検査終了通知書（これらを「検査関係情報」という）の取扱いについて、証券監視委の定める検査関係情報の第三者への開示制限の手続に留意する必要があります。

また、弁護士等の外部の第三者に対する相談についてもこの手続が適用されますので、これを念頭にできるだけ早期に開示制限を解除する手続（開示申請）を行うべきと考えられます。

解説

1 検査関係情報の第三者開示制限

Ｑ６で解説のとおり、検査着手時に主任検査官から説明される事項のうち「検査関係情報の第三者への開示制限の概要」という点がありますが、検査期間中の情報管理については、この検査関係情報の第三者への開示制限の手続に違反することのないよう、検査対象先の関係者は対応に留意が必要です。

検査関係情報とは、検査中の検査官からの質問、指摘、要請その他検査官と検査対象先の役職員等とのやりとりの内容および検査終了通知書をいいますが、これについて、検査対象先は、臨店検査終了前であれば主任検査官、臨店検査終了後であれば委員会検査の場合は証券監視委証券検査課長、財務局検査の場合は証券取引等監視官に対し、事前に開示承諾申請書を提出し、これに対する承諾を得ることなく第三者に開示してはならないとされていま

す。このように検査関係情報の定義は、その情報の内容を問わない広範なものになっており、また、検査関係情報の第三者開示を制限される期間、範囲（対象者）等についても特に制限がされていないなど広範な規制が課せられていることに留意する必要があります。そのため、検査対象先としては、検査実施中に検査官が検査対象先とのやりとりのなかで作成する質問票、整理票といった書面はもちろん、検査対象先が自主的に作成して検査官に提出した書面など検査に関係して検査官とやりとりした情報はすべてこの検査関係情報に該当するものとしたうえで、検査期間中および検査終了後も適切に情報管理を行わなければならないといっても過言ではありません。

証券検査基本指針では、一般的に検査対象先が検査関係情報の第三者への開示の承諾を求めなければならない局面として、①検査対象先の経営管理会社その他の親法人等への開示、②検査対象先または検査対象先の経営管理会社の適切な業務運営に資するとの観点から行われる弁護士、外部監査人、業務委託先等への開示、③検査対象先に係るデュー・ディリジェンスの目的で行われる企業結合等の当事者への開示、および④検査対象先に係る破産手続または民事再生手続が開始された場合における管財人または監督委員への開示が想定されるとしています。

ただし、証券検査基本指針は、上記のうち、①については、検査対象先が、過去の検査において、検査対象先の経営管理会社に対する開示承諾を受けている場合は、当該経営管理会社が変更している場合等を除きそのつど申請の必要はない、また、検査・監督部局、自主規制機関およびこれらに準ずると認められる者ならびに検査対象先の組織内に設置された内部管理を目的とした委員会等のメンバーとなっている外部の弁護士、公認会計士および不動産鑑定士等の専門家については、第三者に該当せず、検査対象先が、臨店検査期間中に、今回の検査に係る検査関係情報を、前記委員会等のメンバーとなっていない外部の（顧問）弁護士、公認会計士、不動産鑑定士等の専門家に開示のうえ相談する場合については、主任検査官に事前の報告をしたう

えで、主任検査官が検査の実効性の確保に支障がないと判断した場合は、当該報告をもって、前記専門家に検査関係情報を開示することができるとされています。

2 弁護士等外部の専門家への相談の際の留意点

　検査対象先としては、検査について、顧問弁護士など外部の専門家に相談をし、その助力を得たい場合もあるでしょう。しかし、この場合も上記の検査関係情報の第三者開示制限の手続に留意する必要があります。

　たとえば、当該検査において検査官と会社との間で議論の対象となっているあるいは議論の対象となると思われる事項については、検査対象先としては、前提となる事実関係について検査官が確認している段階から顧問弁護士など外部の専門家に相談したいと考えることが自然なことです。

　しかし、上記のとおり、検査官とやりとりしている情報は事実関係に関するものであれそうでないものであれ、検査関係情報に該当すると考えられますので、外部の専門家に相談するためにこの情報を当該専門家に開示する場合は、上記の第三者開示に関する手続を行う必要があります。

　この点、証券監視委は、検査対象先の業務実態等検査対象先自身が認識している事実そのものについての回答等については、本来、第三者の意見を求める必要性がないと考えられるとして、このような内容についてまで、専門家と相談する場合は、検査の実効性確保に支障を及ぼす場合がありうる、検査関係情報の第三者開示制限の制度は、法令適用や事実に対する客観的評価について専門家に相談するようなケースについてまでは制限する趣旨ではない旨の説明をしています（平成21年6月26日パブコメ）。上記1のとおり、証券検査基本指針では、弁護士、公認会計士、不動産鑑定士等の専門家に検査関係情報を開示のうえ相談する場合については、主任検査官に事前の報告をしたうえで、主任検査官が検査の実効性の確保に支障がないと判断した場合は、当該報告をもって、前記専門家に検査関係情報を開示することができるとしていますが、この取扱いは、このような考え方（事実関係の確認のみで

第1章　証券検査　37

あれば検査対象先は自ら回答すれば足り、外部専門家に相談する必要性がなく、かえって検査の実効性を阻害する可能性がある）に基づくものと考えられます。

　このような考え方に対してはおおいに議論があるところですが（日本弁護士連合会「被検査先が弁護士に相談することを事前報告・許可制とする金融庁及び証券取引等監視委員会の検査指針の撤廃を求める意見書」（平成21年12月17日））、現時点の対応としては、弁護士等外部の専門家に相談するために必要があると見込まれる場合には、なるべく早い段階から主任検査官に対して、弁護士等の専門家へ相談することの事前報告を行うよう心がけるべきといえるでしょう。

　主任検査官としても、検査対象先が事実関係を適切に整理するために弁護士等へ相談をすることについて検査の実効性の確保に支障があるとして検査関係情報の開示を制約することは通常想定しがたいところであり、結果的に双方にとって妥当な検査結果の実現に資するものであると思われます。

Q14 エグジット・ミーティングとは何ですか

A 臨店検査の終了時に行われる、検査官と検査対象先の意見交換のための会議のことです。臨店検査期間中に検査官と検査対象先との間で議論してきた事実関係に係る認識を最終的に確認することが目的です。

> 解　説

1　エグジット・ミーティングの概要

エグジット・ミーティング（Exit Meeting）においては、検査対象先の責任者、コンプライアンス担当者およびリスク管理責任者の出席が求められ、主任検査官が、検査の結果問題点として認識した事実関係について、検査官としての評価（法令適用および内部管理態勢の不備等）を検査対象先に口頭で伝えます。

ただし、証券監視委または財務局等としての最終的な意見を伝えるものではありません。

検査における証券監視委の最終的な意見は、臨店検査の終了後、当局による指摘事項の整理後に「講評」（Q16参照）として伝えられるため、エグジット・ミーティングにおいて最終的に確認される「認識」とは、検査対象先の有する認識のことになります。

2　エグジット・ミーティング終了後の認識の変更

検査対象先において、エグジット・ミーティングの後に、新たな事実関係が判明したことを理由に、いったん確認した「認識」を変更せざるをえない場合も考えられ、これが許されない理由は見当たりません。しかし、変更が認められるかどうかは、検査対象先が述べる変更の理由の合理性によると考えられます。

なお、検査指針において、エグジット・ミーティングにおいて伝達した内容に変更が生じた場合は、必要に応じて、あらためてエグジット・ミーティ

ングを行うものとされています。

　また、主任検査官は、必要に応じて、臨店検査終了後の検査プロセスについてもあらためて説明します。

　エグジット・ミーティングにおいて、主任検査官と検査対象先との間で認識の相違する事実が認められた場合は、主任検査官は当該相違する事実を明らかにし、書面を作成します。そして主任検査官は、検査対象先からその写しの提出を求められた場合は交付します。ただし、検査対象先の確認を得た整理票において相違する事実が明らかな場合は、書面の作成を要しません。

　検査対象先としては、仮に整理票で確認されていない事実に関する認識の相違が判明した場合には、主任検査官に対し書面の写しの提出を求めることになると考えられます。

3　エグジット・ミーティングの議題

　主任検査官は上記以外にも、必要に応じて、臨店検査の進捗状況や、検査対象先の臨店検査への対応、検査官の検査手法等について経営陣と意見交換も行います。また、検査対象先が初回検査である場合は、意見交換によりその業務内容や特性等の把握に努めます。近年の検査では、「双方向の対話を重視した検査の実施」という方針があり、エグジット・ミーティングもその趣旨のもとに行われます。

　なお、エグジット・ミーティングが行われて臨店検査が終了した場合においても、再度、立入りによる事実関係の確認が必要と主任検査官が認めた場合には、再び立入検査が行われることは禁止されておらず、筆者らの経験においても再度の立入検査が実施される場合があります。したがって、エグジット・ミーティングが終了したとしても、再度の臨店検査もありうることに留意が必要です。

Q15 臨店検査終了後、検査結果が伝えられるのはいつですか

A 検査結果は、主任検査官による指摘事項の整理と検査結果の取りまとめが終了した後に検査対象先に伝えられます。検査指針が、臨店検査終了後、3カ月以内をメドに、検査終了通知書を交付することを定めています。

解 説

1 臨店検査終了後に検査官が行う業務

検査対象先にとって、臨店検査の期間中に問題点として整理票が作成された場合に、証券監視委が行政処分を求める勧告を実施するかどうか、勧告をするとすればいつか、関心が高いところです。

主任検査官は、指摘事項の整理の一環として、処分勧告の要否を検討し検査班としての意見を作成します。これをふまえて、証券監視委の内部において、審査が行われます。ここで検査が財務局等の証券取引等監視官部門により実施された場合は、同部門における審査を経て意見が形成された後、証券監視委に送付されます。証券監視委は、最終的に、行政処分を求める勧告を実施するべきか否かを検討します。検討の判断基準は、個々の事案の重大性や悪質性に加え、当該行為の背景となった内部管理態勢や業務運営態勢の適切性等を総合的に勘案して判断するとされており、金融庁が公表している行政処分の基準と整合性のあるものと考えられます。具体的には次に掲げる要素を勘案し、勧告を決定します。

① 違反した法令等の保護法益の重要性
② 行為または状況等の悪質性
　ⅰ行為の態様、ⅱ被害の程度、ⅲ件数・期間・反復性、ⅳ反社会的勢力の関与、ⅴ行為者・関係者の認識、地位、隠蔽の有無
③ 当該行為の背景となった内部管理態勢の適切性

なお、金融庁が公表している行政処分の基準では、これらの要素に加えて、軽減事由として金融商品取引業者自身が自主的に利用者保護のために所要の対応に取り組んでいるかも判断要素とされています。

2　臨店検査終了後から、検査終了までの期間

　主任検査官は、指摘事項の整理と検査結果の取りまとめが終了した後に、次のQ16で述べる検査結果の講評を行い、その後に、検査結果を記載した書面を検査対象先に交付し検査が終了します。証券検査基本指針は、臨店検査終了後、3カ月以内をメドに、検査終了通知を交付することを定めています。

　証券監視委は、毎年その活動内容を公表しており（「証券取引等証券監視委員会の活動状況」）、検査が終了した会社について、検査着手日、臨店終了日、検査結果通知日をそれぞれ公表しています。平成26年6月に公表した、平成25年4月から平成26年3月までの間に検査が終了した会社のうち、証券監視委が検査を実施した第一種金融商品取引業者14社について臨店検査終了日から検査結果通知日の期間をみると、3カ月以内に検査結果の通知を受けた会社は、約半数の6社でした。14社の期間の平均を計算すると、約5カ月程度です。同じく証券監視委が検査を実施した投資運用業者21社をみると、3カ月以内に検査結果の通知を受けた会社は3社であり、21社の期間の平均を計算した結果は、6.5カ月程度です。

　指摘事項の整理や検査結果の取りまとめは、実際に立入検査を行った検査官が行うだけではなく、立入検査に参加しない、内勤の審査担当者がさらに慎重に検討を行い、そのうえで最終的に決定されます。また、検査結果の取りまとめに要する期間は個別具体的事案によって異なるため、検査指針における3カ月以内という期間は、あくまでメドであると考えられます。金融商品取引業者等としては、この期間が長期に及ぶと、検査で議論の対象となった行為の可否や、そのような行為に関係した役職員の処遇について不安定な状況が続くため、いつ指摘事項の整理が終了するのか関心が高いところでありますが、検査官が明確なメドを示すことは困難と考えられます。

Q16 講評とは何ですか

A 主任検査官が臨店検査終了後、指摘事項が整理された段階で（指摘事項がない場合は可能な限りすみやかに）検査対象先に対して行う、検査結果について理由を述べながら批評を行うことです。

解　説

1　講評の概要

主任検査官は、臨店検査終了後、指摘事項が整理された段階で（指摘事項がない場合は可能な限りすみやかに）、検査対象先の責任者に対し、以下の方法により、当該検査の講評を行うものとされています。

この「指摘事項」における「指摘」とは、検査により検査対象先の問題点と判断した事項を、当該検査対象先に検査結果として通知する事実行為をいいます。講評の方法は以下のとおりです。

① 検査で認められた法令等違反行為等を伝達します。また、問題が認められない場合にはその旨を伝達します。

「法令等違反行為等」とは、検査指針の講評において定義なく用いられており、外延は必ずしも判然としません。しかし、証券監視委は、検査マニュアルにおいて、金商法制定により金商法51条に基づき法令違反以外の場合でも業務の方法の変更その他業務の運営または財産の状況の改善に必要な措置をとるべきことを命ずる行政処分が可能となったことをふまえ、検査の透明性を向上させるため、その想定する「金融商品取引業者のあるべき姿」として、①経営管理態勢、②法令等遵守態勢、③内部管理態勢、④リスク管理態勢、および⑤監査態勢の各項目について詳細に述べています（同マニュアルⅠ２.）。このことから、これらが「法令等違反行為等」における、純粋な法令違反以外の主な内容をなすと解していると思われます。

主任検査官は、法令等違反行為等のうち、検査対象先と認識が相違した事項（以下、「意見相違事項」という）を確認します。

　なお、証券監視委の証券検査課長（財務局等にあっては、証券取引等監視官）が公益または投資者保護上緊急を要すると判断した場合等については、講評を行わない場合もあります。
② 　主任検査官は、講評内容に変更が生じた場合は、必要に応じて、あらためて講評を行う旨を説明するものとされています。

2　講評の際の出席者

① 　証券監視委または財務局等……原則として、主任検査官のほか担当検査官1名以上です。
② 　検査対象先……検査対象先の責任者の出席が必須です。当該責任者が検査対象先の他の役職員の出席を要望した場合は、特段の支障がない限りこれを認めるものとされています。

3　講評方法

　講評は、主任検査官が、検査対象先の責任者に対して、原則として、口頭により伝達します。指摘事項がない場合のほか、証券検査課長（財務局等にあっては、証券取引等監視官）が効率性等の観点から電話による伝達が適当と判断した場合は、電話により伝達されます。証券監視委による検査指針の改正の際のパブリックコメントの結果によれば、検査対象先が講評における主任検査官の発言を録音することも認められます。

　講評は、その後に検査対象先が行うことが可能な意見申出の前提となるものであること等をふまえ、その実施に際しては、検査対象先に十分内容が伝わるよう努めるものとされています。検査対象先としては、臨店検査期間中に作成された整理票の写しがありますから、それを手元に用意して講評を受けることにより、口頭による伝達を受けたときでも整理票との相違点に留意して聴くことにより、講評内容をある程度正確に理解することは可能と考えられます。

「講評」は、次のＱ17で述べる意見申出制度における意見申出期間の始期となるため、検査対象先として整理票に関し認識の相違があり意見申出を検討している場合には、注意が必要です。検査対象先としては、主任検査官から電話等により、講評自体を電話等により実施する場合は直ちに内容を把握できますが、講評を実施するので会議を設定したい旨の電話連絡を受けたときにも、直ちに主任検査官に対し結論を口頭で尋ねて意見申出の要否を検討し、必要ならその準備を始めることが望ましいといえます。

Q17 意見申出制度とは何ですか

A 意見申出制度とは、申出者（検査対象先の代表者）が、検査で確認された意見相違事項について、事実関係および申出者の意見を意見申出書に記載し、必要な説明資料を添付した文書により、証券監視委事務局長宛てに直接または主任検査官経由で提出する制度です。意見申出に対して証券監視委による審査が行われ、検査結果通知書に包含して回答されます。

解　説

　意見申出書の提出期間は、検査対象先の責任者に対する検査の講評が終わった日から原則として3日間（講評が終わった日の翌日から起算し、行政機関の休日を除く）とされていて、非常に短いので、留意が必要です。

　ただし、講評の終わった日から3日以内に提出期間延長の要請があれば、さらに2日間（行政機関の休日を除く）を限度として、提出期間の延長が認められます。

　申出者（検査対象先の代表者）は、確認された意見相違事項について、事実関係および申出者の意見を意見申出書に記載し、必要な説明資料を添付したうえで、申出者名による発出文書により、証券監視委事務局長宛てに、直接または主任検査官経由で提出します。また、認識の相違に至った経緯を明らかにするため、意見相違事項についての検査官との議論の経緯についても書面で提出する必要があります。

　なお、提出期間の経過後に、追加で詳細な主張を書面にして提出することが許容されるか関心があるところですが、適正な事実認定のために必要性や相当性が認められる場合には、検査対象先としては追加提出を主任検査官経由で証券監視委事務局長宛てに打診してみるべきであると考えられます。もっとも、追加提出が認められるとしても、証券監視委による審査が行われるまでの間に限定されるものと考えられます。

なお、意見申出は、原則として、検査で認められた法令等違反行為等のうち、意見相違事項に限られます。したがって、意見相違のない事項や、検査手法に関する事項は、意見申出の対象にはなりません。

Q18 証券監視委による行政処分を求める勧告とは何ですか

A 行政処分を求める勧告とは、証券監視委が、金商法、投信法等の規定に基づき、検査、報告、もしくは資料の提出命令、質問もしくは意見の聴取または犯則事件の調査を行った場合において、必要があると認めるときに、その結果に基づき、金融商品の取引の公正を確保するため、または投資者の保護その他の公益を確保するため行うべき行政処分その他の措置について、内閣総理大臣および金融庁長官に勧告することを指します。

【解説】

　証券監視委の権限の一つとして、検査の結果、必要があると認められた場合に、内閣総理大臣および金融庁長官に対し行政処分その他の措置を行うことの勧告を行うことがあります（金融庁設置法20条1項）。

　勧告事案については、検査結果通知の交付による検査の終了後、直ちに公表されます。この際、原則として、検査対象先の名称または商号等が公表されます。金融商品取引業者等に対する検査において、勧告に至らない事案についても、必要と認められる場合には、公表されることもあるので注意が必要です。ただし、この際には、原則として、検査対象先の名称又は商号等の公表は控えられます。

　なお、証券監視委が、「行政処分を行うよう勧告」ではなく、「その他の適切な措置を講ずるよう勧告」を行う場合もあります。後者は、業者自身ではなく、その役職員のうちの外務員に対する措置を講ずることを求める、いわゆる「外務員個人勧告」の趣旨を含むものです。この場合、業者に対する行政処分が行われないのが通例です。

Q19 行政処分とは何ですか

A 金融商品取引法に基づく主な行政処分としては、登録取消し、認可の取消し、6カ月以内の期間を定めた業務の全部もしくは一部の停止命令、業務改善命令などが考えられます。

―― 解　説 ――

　証券監視委から、行政処分その他の措置を行うことの勧告を受けた内閣総理大臣および金融庁長官（金融庁長官から権限の委任を受けた財務局長（支局長）を含む）は、勧告の内容について検討を行います。検討を行うのは、金融商品取引業者等に対する監督権限を与えられた監督部局となります。事実確認の必要があると認められる場合には、さらに報告徴求を行う場合があります。監督指針によれば、監督部局は、検査部局から勧告書または検査報告書（写し）を受理した時から、原則として1カ月以内をメドに監督上の処分を命ずるものとされています。

　監督部局は、金融庁が公表している行政処分の基準（Q15参照）等に照らして総合的に検証し、公益または投資者保護の観点から重大な問題が認められる場合、行政処分を行います。

Q20 聴聞とは何ですか

A 聴聞とは、行政機関が、行政処分や法律に基づく命令の制定を行うにあたり、処分の相手方その他の利害関係人や有識者の意見を聴く手続のことです。

解　説

1　概　要

　聴聞手続は、行政運営における公正の確保と透明性の向上を図り、国民の権利、利益の保護に資するとの見地から規定されています（行政手続法13条1項1号）。

　監督部局は、証券監視委による勧告により、証券監視委から提供を受けた証拠により行政処分に関する事実確認を行うことが可能であると判断し、前掲の報告命令を発して事実確認を行う必要が認められない場合には、処分勧告が行われた日と同日に、処分勧告の対象となった業者に対し、通知を発するのが通常です。業者は、当該通知により、行政処分の理由（行政手続法14条）に加え、予想される行政処分の程度（登録取消し、業務停止命令、業務改善命令）を正式に知ることになります。

　聴聞通知を受けた者は、代理人を選任することが可能です。したがって業者は、弁護士を代理人として委任し、本人にかわって、または本人とともに、弁護士を代理人として聴聞手続に出席させることができます。

　指摘事項を争わない場合には、聴聞手続に対し出席せず、書面を提出しないなど、特段の対応をしないことも可能です。その場合には、監督部局は聴聞を終結することができます（行政手続法23条）。

　聴聞通知の発信日から、聴聞期日までの期間は、一般的に数日から1週間程度です。聴聞通知の記載内容は、次のとおりです。

①予定される不利益処分の内容および根拠となる法令の条項、②不利益処

分の原因となる事実、③聴聞の期日および場所、④聴聞に関する事務を所掌する組織の名称および所在地のほか、聴聞の期日に出頭して意見を述べ、および証拠書類または証拠物（以下、「証拠書類等」という）を提出し、または聴聞の期日への出頭にかえて陳述書および証拠書類等を提出することができること、聴聞が終結する時までの間、当該不利益処分の原因となる事実を証する資料の閲覧を求めることができること（行政手続法15条1項2項）。

2　聴聞の期日における審理

　聴聞の期日における審理は、監督部局が指定した職員が審理の主宰者となります（「主催者」ではありません）。審理は、監督部局が公開することを相当と認める場合を除き、非公開で実施されます。審理の結果、聴聞を続行する必要がある場合には、さらに新たな期日が指定されます。主宰者は、審理の結果、聴聞を終結した場合にはすみやかに報告書を作成し、不利益処分の原因となる事実に対する当事者の主張に理由があるかどうかについての意見を監督部局に報告します。

3　行政不服審査法との関係

　行政不服審査法は、行政庁の処分については、同法4条1項の規定や個別法の規定により適用除外とされていない限り、同法に基づく不服申立てをすることができると規定しています（同法4条）。報告徴求命令、業務改善命令もしくは業務停止命令、または登録・認可を取り消す処分に対しては、財務局監理金融商品取引業者等は、同法5条の規定に基づく審査請求が可能であり、金融庁監理金融商品取引業者等は、同法6条の規定に基づく異議申立てができます。業者は、処分のあったことを知った日の翌日から起算して60日以内に、金融庁長官に対して異議申立てをすることができます（同法45条）。なお、平成26年6月13日から2年以内に施行される改正行政不服審査法によれば、この期間は3カ月に延長されます。

　ここで「審査請求」と「異議申立て」の相違は、財務局に対する不服申立ての場合には、その上級行政庁として金融庁があるため、金融庁に対する

「審査請求」として行うのに対し、金融庁に対する不服申立ての場合は、その行政処分を行った金融庁自身に対する不服申立てになり、「異議申立て」として行うという相違があるにすぎません。なお、前掲の改正行政不服審査法によれば、異議申立と審査請求は、審査請求の手続に一本化される予定です。

　注意が必要な点として、審査請求や異議申立ては、処分の効力、処分の執行または手続の進行を妨げないため、業者側は、審査請求・異議申立てに加え、執行停止の申立ても行い、当局による執行停止を求める必要がありますので、留意が必要です（行政不服審査法34条、48条）。

4　行政事件訴訟法との関係

　金融商品取引業者等は、報告徴求命令、業務改善命令もしくは業務停止命令、または登録・認可を取り消す処分に対し、行政処分の取消しを求める訴訟を提起する場合には、処分のあったことを知った日から6カ月以内に、国を被告として取消しの訴えを提起することができます（行政事件訴訟法14条）。この訴えは、行政不服審査法に基づく審査を経ることなく提起が可能です。金融商品取引業者等は、行政事件訴訟法が平成16年に改正され、行政事件訴訟をより利用しやすくするために取消訴訟等の提起に関する事項の教示の制度が新設されたことにより（同法46条）、行政当局からこの6カ月以内に取消しの訴えを提起できることなどの通知を受けるようになっています。

Q21 業務停止命令や業務改善命令などの不利益処分は公表されますか

A 監督部局は、業務停止、登録・認可の取消しを命じたときは、金商法54条の2の規定に基づき、官報に公示しなければなりませんので、これらは公表されます。

――― 解　説 ―――

　監督部局は、業務停止、登録・認可の取消しを命じたときは、金商法54条の2の規定に基づき、官報に公示しなければなりません。なお、金融庁や各地の財務局が、そのウェブサイト上にて行う公表は、あくまで官報において行う公示を補足する位置づけにすぎません。

　これ以外の不利益処分（たとえば業務改善命令）の公表の取扱いについては、監督指針によれば、「金融監督の原則と監督部局職員の心得（行動規範）」Ⅰ－5（透明性）に規定された考え方によることに留意するとされています。

　このⅠ－5（透明性）は、「業務改善命令等の不利益処分については、他の金融機関等における予測可能性を高め、同様の事案の発生を抑制する観点から、財務の健全性に関する不利益処分等、公表により対象金融商品取引業者等の経営改善に支障が生ずるおそれのあるものを除き、処分の原因となった事実及び処分の内容等を公表することとする」と規定しています。これに従って、業務改善命令についても、原則的に公表されています。

　なお、処分勧告が外務員個人勧告の趣旨である場合には、証券監視委による勧告公表の後、監督部局からいかなる措置が講じられたかは、現在のところ公表されていません。

第1章　証券検査　53

Q22 業務改善命令を受けた後はどうなりますか

A 改善命令の履行状況の報告義務を負います。

解　説

　監督指針によれば、金商法51条または51条の2の規定に基づき業務改善命令を発出する場合には、当該命令に基づく金融商品取引業者等の業務改善に向けた取組みをフォローアップし、その改善努力を促すため、原則として、当該金融商品取引業者等の提出する業務改善計画の履行状況の報告を求めることとされています。その際には、当該業者の提出した業務改善計画の履行状況について、①期限を定めて報告を求めている場合には、期限の到来により、当該金融商品取引業者等の報告義務は解除するが、②期限を定めることなく継続的に報告を求めている場合には、業務改善命令を発出する要因となった問題に関して、業務改善計画に沿って十分な改善措置が講じられたと認められるときに、当該計画の履行状況の報告義務を解除するとされています。

　業務改善命令の履行状況の報告義務が解除されているかどうかは、金融庁が公表している「行政処分事例集」において、エクセルファイルのC列に「解除の有無」という項目があり、解除されていれば「済」、未解除なら「未」という表示がされることから一般に公表されています。このほかに、監督部局が特に必要と認める場合には、解除した旨を公表するときもあります。

　そして、業務改善命令の履行状況は、次回検査において、重点的な検証対象とされるため、業者は特に改善に留意をする必要があります。

Q23 証券監視委等に提出した検査関係情報は、情報公開法に基づき公表されますか

A 現状の運用をみる限り、原則として公表されません。

> 解　説

　検査関係情報の開示が問題になりうるのが、「行政機関の保有する情報の公開に関する法律」（平成11年法律第42号。以下、「情報公開法」という）に基づく、金融庁が保有する行政文書の開示請求です。情報公開法は、開示請求された行政文書は、法律に規定された不開示情報を除き、原則として開示されることを規定しています（同法3条、5条）。

　そして検査関係情報に関して問題となる不開示情報には、「法人の権利、競争上の地位に関する情報」（情報公開法5条2号イ）、「監査、検査、取締り、試験又は租税の賦課若しくは徴収に係る事務に関し、正確な事実の把握を困難にするおそれ又は違法若しくは不当な行為を容易にし、若しくはその発見を困難にするおそれのある情報」（同条6号イ）などがあります。

　情報公開の開示請求を受ける金融庁は、不開示情報の該当性の審査に際して、行政手続法5条に基づき審査基準を定める義務があり、金融庁訓令「行政機関の保有する情報の公開に関する法律第9条各項の決定をするための基準」を定めています。

　この基準のなかで、情報公開法の不開示情報について詳細な解釈を展開したうえで、不開示となることがある情報の例として、前掲の情報公開法5条6号イに関し、次の例をあげています。

・検査等の対象、実施時期、検査事項その他の個別具体的な検査等の実施に関する情報
・検査等の詳細な手法または実務に関する情報

第1章　証券検査　55

・不祥事件届出書や報告徴求に基づいて金融機関等から提出された報告書
・金融機関等の「検査結果通知書」「検査報告書」「審査参考資料」「検査時徴求資料」

　開示するかどうかの決定は、原則として30日以内に書面により通知されます。不開示決定に不服がある者は、行政不服審査法に基づき、不服申立てを行うことができます。

　金融庁は、不服申立てに対して、情報公開・個人情報保護審査会に諮問を行い、それに対して同審査会から答申が行われます。この答申はデータベース化されているところ、平成26年1月から12月の状況が公表されており、検査以外の件数も含まれますが金融庁としては諮問結果件数は6件です。

　答申の内容は同審査会のウェブサイト上で公表されており、役所別や内容別の検索も可能です。たとえば、証券監視委による検査の結果、事件が発覚し業務改善命令を受けた、ある業者が提出した改善報告書に関する当該業者以外の者による開示請求に対し、金融庁が不開示情報を含むことを理由に一部を不開示とした決定を行った事案を紹介します。同審査会は、情報を詳細に検討し金融庁による不開示決定のほとんどに同意したうえで、ごく一部についてのみ、当該業者のウェブサイトで公表されている情報であり不開示情報に該当せず、不開示決定を妥当ではないとする答申があります（「平成25年度（行情）答申第4号」（平成25年4月1日））。

　また、不開示決定を受けた者は、行政事件訴訟法に基づき、国を被告として決定の取消しを求めることもできます。この点、情報公開法4条1項の規定に基づいて、金融機関が財務局長に提出した改善状況報告書の開示請求をした者が、金融庁長官から不開示情報が記録されていることを理由に不開示決定を受け、その取消しを求めたものの、棄却された裁判例があります。その裁判例の要旨を紹介すると、もし情報が開示された場合には、金融機関が、今後、検査および報告要求に非協力的、消極的な対応をとるに至り、その結果、実効的な検査および報告要求が困難となることが容易に想定される

ところであって、このような事態が生じれば、当該検査等に係る事務に関し、正確な事実の把握を困難にするおそれがあり、ひいては金融機関に対する監督事務の適正な遂行に支障を及ぼすおそれがあるというべきである、としています。

　以上のように、検査関係情報に関し開示される情報はきわめて限定的であるといえ、情報公開法に基づき開示を求めても奏功しない可能性が高いといえます。

Q24 証券会社などについては日本証券業協会による監査も行われていますが、監査はどのように行われますか

A 日本証券業協会は、証券監視委等による検査とは別に、自ら会員である証券会社あるいは特別会員である金融機関に対する法令・諸規則および取引の信義則の遵守状況の調査である監査を実施しています。検査と比較した場合の監査の主な特色は、予告のうえ実施され、実施期間は短期間であること、リテール営業に関する法令・諸規則および取引の信義則上の遵守状況が重点的に検証されるという点に特色があると考えられます。

また、日本証券業協会と証券監視委は、相互に情報提供を行い、連携して監査および検査を実施しています。

〔解　説〕

　日本証券業協会（以下、「日証協」という）は、金商法に基づき定めるその定款において、会員である証券会社等に対する法令・諸規則および取引の信義則の遵守状況の調査に関する事項を定めることとされています（同法67条の8）。日証協が行う監査（以下、「監査」という）は、これを受け、「協会員の行う有価証券の売買その他の取引等を公正かつ円滑ならしめ、金融商品取引業の健全な発展を図り、もって投資者の保護に資する」（日本証券業協会定款6条）ことを目的として、日証協の定める規則（「定款」および「監査規則」）にのっとって行われます。

　以下、監査が実施される流れに沿って説明します。

1　監査計画について

　日証協は、各年度に監査計画を作成し、これを協会員に通知して、監査を行っています（監査規則3条）。監査計画には、監査の基本的考え方、監査の重点事項、監査対象先の選定などが記載されます。

平成26年度監査計画（要旨）（日証協がウェブサイト上で公開している）をみると、内部管理態勢が不十分な状況および金融商品の勧誘・販売にあたっての説明状況に関する苦情等が依然として多いことや、平成26年1月から導入された少額投資非課税制度（NISA）等をふまえ、監査の重点事項として、会員、特別会員共通の重点事項として「(1)内部管理態勢（リスク管理態勢を含む）の検証」「(2)金融商品の投資勧誘・販売態勢の検証」および「(3)倫理コードの保有及び遵守状況の検証」の項目があげられ、会員のみについての重点事項として、「(4)顧客資産の分別管理の状況の検証」「(5)財務の健全性に係る検証」「(6)売買管理態勢等の整備状況の検証」「(7)反社会的勢力との関係遮断の検証」および「(8)システム障害への対応態勢の検証」の項目があげられ、基本的な考え方として、「監査対象先の自主的な取組みを尊重しつつ、投資者の保護を図ることを目的として、協会員の内部管理態勢の整備状況及び法令・諸規則の遵守状況等について点検する」ことが規定されています。

2　監査対象先の選定について

　監査対象先は、監査の実施状況（監査周期）に加え、各種の状況等を考慮して決定されます。たとえば平成26年度監査計画（要旨）をみると、①自己資本比率の状況（200％を下回ることとなった会員または急激に比率が低下している会員）、②各種の情報（オフサイトモニタリングにより収集した営業・財産の状況または役員・大株主の状況等実態について確認する必要がある協会員または投資者からの苦情や金融商品事故等の多い会員）、③過去の監査および行政当局による検査等の状況（過去の監査・検査等により処分を受けた協会員または内部管理態勢について重大な問題点を指摘された協会員）、および④業務内容、顧客層等の状況（リスクの高い商品を主に取り扱う会員やリテール営業の比重の大きい協会員）といった状況等を総合的に考慮して選定される旨が説明されています。なお、リテール営業を行っている会員に対しては、原則として3年に1回程度、監査を実施することも説明されています。

3　監査の方法・手続について

　監査の種類は、①一般監査（法令および諸規則の遵守状況、内部管理態勢の整備状況ならびに財務の状況について、全般的に点検を行う監査）、②特別監査（法令および諸規則の遵守状況、内部管理態勢の整備状況ならびに財務の状況について、特定の項目について、必要に応じて点検を行う監査）、③フォローアップ監査（監査および各行政機関の検査等において認められた指摘事項について改善報告を求めた協会員に対して、その業務が適正に行われているかどうかについて点検を行う監査）、および④機動的・継続的監査（監査および各行政機関の検査等において認められた指摘事項について改善報告を求めた協会員に対して、当該指摘事項の改善状況について必要に応じて点検を行う監査）の4種類があります。

　監査の方法は、実地監査（協会員の本店、支店または営業所等において行う監査）および書類監査（協会員から本協会に提出する書類に基づき行う書類監査）とされ、監査を実施する担当者（監査員）は、監査事項に関係のある帳簿、書類および有価物の提示、閲覧もしくは資料の提出または事実の説明を要求することができます（監査規則5条、6条）。その際に監査員が会員の役職員に対するヒアリングを実施したり、報告書の提出を求めたりすることも行われているようです。なお、実地監査については予告のうえ実施されることが原則とされているようです。

　監査員は、監査結果について書面により日証協会長に報告し、また原則として書面により当該協会員に対しても通知します。

4　証券検査との関係等について

　監査は、証券監視委等が実施する証券検査とは別個に日証協が実施するものです。

　もっとも、日証協は監査を実施した会員の監査に関する情報を証券監視委に提供し、証券監視委はこの情報に基づき当該会員に対する検査を実施する等、日証協と証券監視委は監査に関する情報交換を行っており、両者は連携して監査および検査を実施しています。

Q25 日本証券業協会による監査の実施状況や処分状況の実態は、どのようなものですか

A 監査の実施状況は日証協のウェブサイト上で公開されていますが、証券監視委が証券会社または登録金融機関に対して実施する検査と比較すると、短期間にポイントを絞って実施されるものであるということができるように思われます。

また、日証協は、監査の結果に基づいて定款に定める一定の事由に該当すると認めるときは、会員に対する処分（譴責、5億円を上限とする過怠金の賦課、会員権の停止もしくは6カ月以内の制限、および除名）を行うことができます。

【解　説】

1　監査の結果（実施状況）について

監査の実施状況については、日証協のウェブサイト上でも公開されています。

これによると（本書執筆現在において、直近の監査実施状況としては、平成24年度、25年度、26年度上半期のものが掲載）、以下のとおりとなっています。

【会員】

	平成26年度上半期	25年度	24年度
監査実施先数	43先	87先	87先
1先平均の監査日数	7.3日	6.2日	6.1日
（1先当りの監査日数）	（4～14日）	（3～18日）	（3～15日）
1先平均の監査人員	3.8人	3.9人	4.6人
（1先当りの監査人員）	（3～10人）	（3～13人）	（3～14人）

第1章　証券検査　61

【特別会員】

	平成26年度上半期	25年度	24年度
監査実施先数	27先	53先	53先
1先平均の監査日数	5.6日	5.5日	5.0日
（1先当りの監査日数）	（3～10日）	（3～13日）	（3～7日）
1先平均の監査人員	3.8人	3.8人	3.6人
（1先当りの監査人員）	（2～7人）	（3～7人）	（2～6人）

（出所）　日本証券業協会公表資料

　これをみると、証券監視委が証券会社または登録金融機関に対して実施する検査と比較すると、期間および人数については当職らの経験上は相当に少ないと感じられることから、監査は、検査と比較するとポイントを絞って実施されるものであるということができるように思われます。また、検証に際してはリテール営業に関する法令・諸規則および取引の信義則上の遵守状況が重点的に検証されるという特色があると考えられます。

　次に監査結果については、同じく日証協のウェブサイト上で次のとおり公開されています。

【会員】

	平成26年度上半期	25年度	24年度
結果通知先数	38先	91先	86先
（うち法令・諸規則違反を指摘した先）	11先	27先	25先

【特別会員】

	平成26年度上半期	25年度	24年度
結果通知先数	23先	56先	51先
（うち法令・諸規則違反を指摘した先）	4先	7先	4先

（出所）　日本証券業協会公表資料

指摘の内容をみると、自己資本規制比率の算出誤り、顧客分別金信託の信託不足、契約締結前交付書面の未交付といった事例があげられています。

2　監査の結果に基づく処分について

日証協は、監査に基づいて、定款に定める一定の事由に該当すると認めるときは、会員に対する処分を行うことができます（定款28条）。処分内容としては譴責、過怠金の賦課（上限5億円）、会員権の停止もしくは制限（6カ月以内）、および除名の4種類があります。

また、会員または当該会員を所属先とする金融商品仲介業者の法令等の遵守状況等が協会の目的にかんがみて適当でないと認めるときは、当該会員に対して事由を示して勧告を行うことができます（定款29条）。

第 2 章

不公正取引調査

Q26 「取引調査」とは何ですか

A 金商法が定める課徴金制度において、風説の流布・偽計や相場操縦、インサイダー取引といった不公正取引について、金商法177条の権限に基づき、事件関係人や参考人に対する質問調査や立入検査等を行うことをいいます。

―― 解　説 ――

1　課徴金制度

　課徴金制度は、平成16年の証券取引法改正で導入されたもので（平成17年4月施行）、証券市場の公正性と投資家の市場に対する信頼を保護するという目的を達成するために設けられたものであり、課徴金納付命令は、こうした金商法の規制の実効性確保を目的とした行政上の措置をいいます（金融庁「ジェイオーグループホールディングス株式会社との契約締結者からの情報受領者による内部者取引」（平成23年7月20日公表）の決定要旨）。金商法は、第6章の2（同法172条以下）において、課徴金制度の対象となる違反行為を列挙しています。課徴金納付命令の対象となる違反行為は、開示書類の不提出や虚偽記載等の上場企業等による開示規制違反と、相場操縦やインサイダー取引等のいわゆる不公正取引の二つに大別されます。

　証券監視委は、「金融商品取引法……の規定に基づき、検査、報告若しくは資料の提出の命令、質問若しくは意見の徴取……を行った場合において、必要があると認めるときは、その結果に基づき、金融商品取引の公正を確保するため、又は投資者の保護その他の公益を確保するため行うべき行政処分その他の措置について内閣総理大臣及び長官に勧告することができる」とされており（金融庁設置法20条1項）、証券監視委は、取引調査の結果、不公正取引が認定された場合には、内閣総理大臣および金融庁長官に対して、行政処分の一種である課徴金納付命令を行うことを勧告します。

2　取引調査

　証券監視委は、「取引調査に関する基本指針」（以下、「取引調査指針」という）を策定し、平成25年8月30日から施行しています。取引調査指針によれば、「取引調査」とは、金商法が定める課徴金制度において、風説の流布・偽計や相場操縦、インサイダー取引といった不公正取引について、同法177条の権限に基づき、事件関係人や参考人に対する質問調査や立入検査等を行うものと定義されています。同法においては、「取引調査」という文言は存在しませんが、上記の類型に該当する違反行為（課徴金に係る事件）が取引調査の対象となります（Q27参照）。取引調査は、たとえば上場株式の取引がインサイダー取引に該当する疑いがあるときに行われます。

　取引調査の権限を行使するのは原則として証券監視委であると定められています（金商法194条の7第1項・第2項8号、177条）。なお、金商法は、証券監視委が財務局長または財務支局長に取引調査の権限を委任することも予定していますが（同法194条の7第7項、金商法施行令44条の2）、証券監視委が自らその権限を行うことは妨げられません（同条1項ただし書）。

　このような法の定めに従い、証券監視委事務局に設置された取引調査課および地方財務局の証券取引等監視官（部門）が取引調査の職務を担っています。また、「主に外国にある者が行う取引等」（いわゆるクロスボーダー取引）については、取引調査課に設置された国際取引等調査室が担当するとされています（活動状況（平成26年版）91頁）。いずれにおいても、これらに所属する証券調査官を中心として、取引調査が行われています。

3　犯則事件の調査との差異

　取引調査は、不公正取引の疑いがある場合、課徴金制度における課徴金納付命令の勧告を出口とする課徴金事件（金商法177条）に関して行われる調査ですが、同じく、不公正取引の疑いがある場合に行われる調査として、検察官に対して告発することを出口とする犯則事件（同法210条）の調査があります。

両者の違いの一つは、犯則事件は、証券監視委による調査に加えて、司法警察員・検察官の捜査の対象にもなるのに対して、取引調査は、上記のとおり、証券監視委によって行われます。また、犯則事件の調査では、他の刑事事件と同様に、原則としては任意調査ではあるものの、令状に基づく強制調査が行われることがあり、警察官・検察官による逮捕がなされることもありますが（証券監視委には逮捕の権限はない）、取引調査は任意の調査であり、出頭命令、質問権や立入検査権に限られており（金商法177条）、これらの調査に強制力はないという違いもあります（Q30参照）。詳しくは、Q42をご参照ください。

4　証券検査との差異

　証券検査と取引調査は、大局的な見地からは健全な資本市場の確保や投資家保護を目的とする点で共通します。しかし、証券検査は、原則として金融商品取引業者等に適用される業規制全般をその対象とするのに対して、取引調査は、不公正取引規制という特定の規制を射程範囲とするが不公正取引を行った疑いがある者は何人でも対象とする点に大きな違いがあるといえます。

Q27 どのような取引が取引調査の対象になりますか

A 証券会社や証券取引所との連携に基づいて行われる取引審査の結果、不公正取引の疑いがあり、取引調査を行う必要があると判断された取引が取引調査の対象になります。

――― 解　説 ―――

1　取引審査

　取引調査は、不公正取引を行った者に対して課徴金納付命令を発出するように金融庁長官に勧告を行うことを念頭に行われます。しかし、取引調査そのものは、関係者に直接質問を行ったり、あるいは、証拠の提出を求めてそれを検討するなど、一定の時間を要するものです。証券監視委等において調査に従事する証券調査官の人数にも限りがあるため、疑わしい取引を把握するたびに、すべての件についてそのような調査を行うことは困難です。そこで、取引調査に先立ち、証券市場において日々行われる膨大な数の取引から不公正取引の疑いがあり取引調査を要する取引を抽出する取引審査が行われており、これらの取引審査において取引調査をする必要があると判断された取引が、取引調査の対象になります。

2　銘柄の抽出

　具体的には、証券監視委の市場分析審査課または財務局監視官部門の証券取引審査官らが、監視や各種情報に基づき、①株価が急騰・急落するなど不自然な動きがみられた銘柄、②投資者の投資判断に著しい影響を及ぼす「重要事実」が公表された銘柄、③新聞、雑誌およびインターネットの掲示板等で話題になっている銘柄、④一般から寄せられた情報において取り上げられている銘柄等を抽出します。

3　個別取引の分析

　そして、抽出した銘柄について、金融商品取引業者等から有価証券の売買

取引等に関する詳細な報告を求め、または資料を徴取し、これらの報告・資料に基づいて、市場の公正性を害する相場操縦やインサイダー取引、偽計等の疑いのある取引について審査を行います。審査においては、証券取引審査官らが、金融商品取引所・金融商品取引業者等より徴取する売買記録の分析を行います。

　具体的には、インサイダー取引の審査の場合、公表の直前に買付けや売付けを行った者について、その者が会社関係者に該当しないか、その者が日常的に株式の売買を行っているか否か、その従前の売買の傾向と一致している売買か否か、公表後にすぐに売却（あるいは買戻し）をしているかどうか、等を分析します。相場操縦の場合は、不自然な値動きがあった場合、それに影響を与えている可能性のある注文がどれか、また、連携している可能性がある注文がないかを分析します。取引が複数の金融商品取引業者を介して行われているような場合には、顧客別に整理することで、不公正取引の全貌が明らかになることも多々あります。たとえば、相場操縦を行う者が証券会社の売買審査段階で注文を拒絶されることのないように、複数の証券会社を介して取引を行うことは珍しくありませんが、こういった不公正取引は、個々の証券会社に出される注文だけをみても把握することは容易ではありません。

4　金融商品取引所等との連携

　また、審査の段階において、証券監視委等と各金融商品取引所は緊密に連携しており、各金融商品取引所において行われる売買審査の結果は、随時証券監視委等に報告されています。特に、金融商品取引所は、その規則に基づき、上場会社に対して会社情報の発生から公表に至るまでの経緯を時系列で一覧表形式にまとめた経緯報告書や関与した者の一覧表の提出を求める権限を有し、これをふまえて売買審査を行いますので、金融商品取引所における審査結果は、証券監視委等にとっても非常に重要な情報となります。

　なお、この審査の段階で、証券取引審査官らは、非常にタイミングがよく

疑わしい取引の名義人が発行会社となんらかの関係がないかインターネット上で情報収集をするなどしていますが、あくまで取引調査の権限を行使するに至らない範囲で行われます。したがって、この取引審査の段階において、証券監視委等から直接関係者等に問合せが入ったりすることは原則としてありません。

5　調査対象となる取引の決定

　このような証券取引審査官らによる取引審査をふまえて、証券監視委等の審査担当部署は、取引審査の結果として取引調査を行うべき取引を審査対象の銘柄ごとにレポートのかたちで取りまとめます。このレポートは、証券監視委の取引調査課等の調査を担当する部門（なお、犯則事件として取り扱うべき事案は特別調査課、開示規制違反の疑いのある事案は開示検査課、金融商品取引業者等による法令違反の疑いのある事案については証券検査課が担当部門になる）に送付され、この内容をふまえて、証券監視委等の調査担当部門がいずれの事案を調査の対象とするか決定します。

Q28 他人の名義で取引を行った場合も、取引調査の対象になりますか

A 対象になります。

解　説

　取引調査の対象となる不公正取引の多くは、インサイダー取引と相場操縦行為ですので、これらについてそれぞれ検討します。

1　インサイダー取引

　インサイダー取引規制については、いうまでもありませんが、金商法166条または167条の要件を満たす場合には、だれの名義で、だれの計算で取引してもインサイダー取引として法令違反になります。

　そして、Q27において説明したとおり、取引審査において、公表直前のタイミングがよい取引（株価が上がる情報が開示される直前に購入したり、株価が下がる情報が開示される直前に売却する取引等）は、取引調査の対象となる取引の候補として抽出されます。さらに、取引審査においては、原則としては直接の事情聴取までは行わないものの、公表情報等から取引の名義人と銘柄の発行会社の関係も調べられますので、家族の名義等で取引を行うことで取引審査の対象にならないということにはなりません。まして、そもそも非常にタイミングがよい取引であれば、発行会社との関係の有無にかかわらず、取引調査の対象となる可能性が高いと考えられます。

　そして、当該取引が取引調査の対象になった場合には、当然その名義人が調査の対象になり、取引調査を行う証券調査官より、質問調査への出頭を求められたり、立入検査の対象になったりして、供述や関連する証拠の提出を求められることになります。この質問調査への出頭を拒んだり、虚偽の供述を行ったり、あるいは立入検査を拒んだ場合には、刑事罰が科されることに

なりますし（金商法205条6号、205条の3第1号）、結局、取引調査を通じて、実際に取引を行った人が明らかになることになると考えられます。

2 相場操縦

相場操縦は、金商法159条によって禁止されており、約定する意図がなく他の投資家の注文を誘引することのみを目的とした発注である見せ玉や、同一人または通謀した者同士が同一銘柄について同時期に同価格で買付けと売付けの取引をして約定を成立させる偽装取引である仮装売買や馴合取引、株価の変動のみを目的とした取引である現実取引による相場操縦等いくつかの類型があります。

相場操縦に関しては、取引審査の段階で、相場操縦が行われたと思われる期間中に取引所に出された注文状況を分析することにより、相場操縦を行ったことが疑われる発注を抽出します。相場操縦については複数の者が意思を通じて行ったり、複数の名義を用いて行われることは珍しくありませんので、疑わしい発注の抽出に際しては、異なる名義の注文であっても、それらが意思を通じて発注されている可能性を考慮して行われます。

したがって、他人名義であっても、その発注や取引が取引調査の対象になる可能性は変わりませんし、名義人に対する調査が行われた結果、実際に注文を出した人が明らかになることがあります。

3 まとめ

結論として、インサイダー取引にせよ、相場操縦にせよ、他人名義による発注や取引を行ったとしても、審査の段階で抽出される可能性は、自己名義で行った場合とさほど変わりません。

また、合理的理由なく他人名義の取引を行うことは、なんらかの知られたくない事情があるのではないかとの疑念を招き、取引調査において弁解をしても信用してもらえないおそれが高くなります。

Q29 当社は上場会社ですが、たまたま当社のインサイダー取引規制上の「重要事実」を知っていた従業員が当該重要事実を知っていたこととは無関係に当社株式を売買してしまいました。この場合、当該従業員は、課徴金納付命令の対象になりますか

A 現在の金融庁および証券監視委の方針によると、当該従業員が問題となっている重要事実を知っていたことと無関係に当社株式を売買したことが明らかであれば、課徴金納付命令の対象にはならないものと考えられます。

―― 解　説 ――

1　法令に従った原則

　金商法166条および167条の定めるインサイダー取引規制は、形式犯と解されており、これらの規定の要件を満たした場合には、直ちにインサイダー取引が成立すると解されています。実際に、取引の結果利得が生じたか否か、あるいは、利得を得る目的や損失を回避する目的で取引したか否かもその要件とはされていません。

　このことからすると、当該従業員の行為はインサイダー取引に該当することになりますので、取引調査の対象になるのが原則であるようにも思われます。

　この点、平成17年4月に課徴金制度が導入された直後は、インサイダー取引規制の内容を誤解して未公表の重要事実等があるにもかかわらず自社株買いを行った会社の摘発（平成19年のいわゆるうっかりインサイダー事案）を行うなど、証券監視委もインサイダー取引の要件を満たす取引についてはすべからく課徴金納付命令を課すことを前提に調査の対象とし、勧告を行うという運用を行っていたと思われます。

2 実務的な運用

しかし、上記の自社株買いについてのうっかりインサイダー事案等を契機に、インサイダー取引規制が自社株買いをはじめとする株取引の実務に過度の萎縮効果をもたらすのではないかという議論が生じました。その後、近時においては、証券監視委の幹部が「うっかりインサイダー事案は摘発しないという運用が確立している」と述べており、実際にそのような運用が行われているものと思われます。

もっとも、摘発されなかった事案は公表されない以上、どのような場合が「うっかりインサイダー」に該当するのか明確ではなく、また、そもそも「うっかりインサイダー事案は摘発しないという運用」が金融庁や証券監視委によって明確にされていたわけでもありませんでした。その結果、実務上必ずしもインサイダー取引規制の株式取引への萎縮効果が証券監視委の運用によって払拭されていたわけではなかったものと考えられます。

このような状況について、政府の成長戦略の実行方針をふまえて、平成25年に金融庁・財務省が事務局を務めて開催した金融・資本市場活性化有識者会合が行った「金融・資本市場活性化に向けての提言」のなかで、「投資に資金を振り向ける余力とリテラシーがありながら、インサイダー取引規制との関連で、上場会社の役職員等が持株保有に過度に慎重になっているという指摘もみられる。社内ルールの見直しの働き掛けや、インサイダー取引規制の見直し等が必要と考えられる」との指摘がされました。

3 「インサイダー取引に関するQ&A」問3

これを受けて、金融庁および証券監視委は、その公表している「インサイダー取引に関するQ&A」に問3を追加しました。

ここでは、「上場会社の役職員が、自社や取引先の株式を売買する場合、それらの会社に係る未公表の重要事実を職務等に関し知っていれば、取引の経緯等から重要事実を利用する意図がないことが明らかであったとしても、インサイダー取引規制違反として課徴金納付命令等の対象となるのでしょ

か」という問いに対して、「自社や取引先の未公表の「重要事実」を知っている上場会社の役職員が、それらの会社の株式を売買した場合であったとしても、例えば、『「重要事実」が、その公表により株価の上昇要因となることが一般的に明白なときに、当該株式の売付けを「重要事実」の公表前に行っている場合』や『「重要事実」を知る前に、証券会社に対して当該株式の買付けの注文を行っている場合』など、取引の経緯等から「重要事実」を知ったことと無関係に行われたことが明らかであれば、インサイダー取引規制違反として課徴金納付命令等の対象とされることにはならないものと考えられます」という回答がなされています。

この回答によれば、重要事実を知ったことと無関係に行われたことが明らかであれば、インサイダー取引規制違反として課徴金納付命令等の対象とされることにはならないということですから、課徴金納付命令の対象になることもないものと思われます。

なお、かかる回答は、あくまでも「課徴金納付命令等の対象になるのでしょうか」という問いに対して金融庁および証券監視委の運用について回答がなされたものであって、インサイダー取引規制違反にならないと明示したわけではないことに留意する必要があります。したがって、たとえば、上場会社の社内規則等につき、上記回答に示されたような取引を認めるような改正または運用を行うべきかについては、慎重に考えたほうがよいように思われます。

加えて、この回答のいう「取引の経緯等から『重要事実』を知ったことと無関係に行われたことが明らか」であることを証明することは必ずしも容易ではないように思われる点にも留意が必要です。たとえば、業績予想の上方修正の場合も、場合によっては市場がすでに上方修正を予測して株価に織り込んでいる場合も想定され、一概に「その公表により株価の上昇要因となることが一般的に明白」と言い切ってよいかは疑義が残るため、上方修正の開示前の売却がすべて「取引の経緯等から『重要事実』を知ったことと無関係に行われたことが明らか」とまではいえないと思われます。

Q30 取引調査に関する調査機関は、どのような権限を有していますか

A 取引調査は証券監視委事務局・取引調査課（国際取引等調査室を含む）および地方財務局の証券取引等監視官（部門）がこれを担い、事件関係人や参考人に対する出頭命令、質問調査、立入検査、物件提出命令の権限を有しています。また、公務所等への照会権限を有しています。

―― 解　説 ――

1　質問調査等の権限

　金商法177条は、取引調査に関する必要な調査権限を内閣総理大臣に付与し、委任の規定により証券監視委がこの権限を行使します（同法194条の7第1項・第2項8号、177条）。より具体的にいえば、Q26で記載したとおり、取引調査を担当する証券監視委事務局に設置された取引調査課（国際取引等調査室を含む）および地方財務局の証券取引等監視官（部門）が当該権限を行使します。

　上記の調査権限として、①事件関係人・参考人に出頭を求める権限、②事件関係人・参考人に対する質問および意見・報告徴取に係る権限（①②ともに金商法177条1項1号）、③立入検査（同項3号）に係る権限が定められています。なお、①の権限を行使する際には、事件関係人または参考人に対し出頭命令書を交付し、または送付して行うこととされています（課徴金府令63条）。

　これらの権限に加えて、近年の法改正で、④「事件関係人に対し帳簿書類その他の物件の提出を命じ、又は提出物件を留めておくこと」ができる権限が追加されました（金商法177条1項2号）。従前より、証券監視委が、事件関係人等に帳簿書類その他の物件の任意提出を求めることはありましたが、改正後は、証券監視委は、金商法177条の権限に基づく提出命令をすること

もできるようになりました。

　上記の各権限の行使は行政処分の一つであり、裁判官が発する令状を必要とする逮捕や捜索・差押えとは異なって、調査対象者の自由な意思に反しても行うことができるという意味での直接的物理的な強制力はありません。しかし、金商法177条に基づく調査に応じない場合、上記の①②④については、20万円以下の罰金（同法205条の3第1号・第2号）、上記の③については、6月以下の懲役もしくは50万円以下の罰金またはその併科（同法205条6号）という罰則が設けられています。

　このように、取引調査は、直接的物理的な強制ではないという意味で「任意」であるものの、これを拒むと罰則が科せられる可能性があることから「間接強制」の性質を有しているといえます。

2　公務所等への照会権限

　上記1の各権限に加えて、近年の法改正で、より実効性のある取引調査を行うための制度整備を図る観点から、取引調査について、「公務所又は公私の団体に照会して必要な事項の報告を求めることができる」（金商法177条2項）とする規定も設けられています（増田昌樹「金融商品取引法等の一部を改正する法律の概要（下）」週刊金融財政事情2013年8月19日号（3037号））。この規定により、証券監視委は、取引調査に必要な限りで、税務署等の公務所や、銀行等の民間企業に必要な事項を照会して、その報告を求めることができます。

　この改正前においても、「参考人」に対する質問や意見・報告の徴取が可能とされていましたが（金商法177条1項1号参照）、この「参考人」に公務所が含まれるか否かが不明確であったため、金商法177条2項が追加されたと考えられます（齋藤将彦ほか「公募増資に関連したインサイダー取引事案等を踏まえた対応」商事法務2012号）。

Q31 証券監視委からインサイダー取引の疑いがあるとして取引調査が行われる場合、その調査内容はどのようなものですか

A 取引をした本人に対する質問調査や立入検査、情報伝達者に対する質問調査等が行われます。

解 説

1 質問調査

　証券監視委は、Q27で記述したとおり、取引調査に先立ち、インサイダー取引の疑いがあり取引調査を要する取引を抽出するため取引審査を行っています。この取引審査の段階で、証券監視委は、金融商品取引業者等から売買記録等を受領することができるため、取引履歴等の客観的な情報は把握していることが多いと思われます。しかし、そのような取引が行われた動機・経緯等は、当該取引を行った本人に直接聴取することが必要となってきます。そこで、証券監視委は、本人に対し質問調査を行い、当該取引の動機・経緯等を確認します。また、取引の対象となった銘柄に関する重要事実を知る機会がなかったか、(重要事実を知る機会があったと判明すれば)重要事実を知った時期・経緯等の聴取に努めるものと考えられます。なお、証券検査と同様に(Q10参照)、取引調査における質問調査についても、原則、弁護士立会いは認められていません。

　通常は、本人を証券監視委や近隣の財務局の庁舎に任意で呼び出し(出頭命令の場合もありえる)、質問調査が実施されます。事件の複雑さにより、質問調査が実施される回数は異なります。

　なお、取引調査は、課徴金審判手続(証券監視委による認定を争う機会のある手続)を念頭に置いて行われるため、質問調査における供述内容を記載した質問調書が作成されることがあります。質問調書は課徴金審判手続におい

て証拠として用いられることになります。

2　立入検査

　質問調査に加えて、証券監視委は、たとえば、取引を行った本人が重要事実を知っていたことや知った時期を示す資料等を確認するため、本人の自宅や職場に対する立入検査を実施することもあります。立入検査において、関連する資料等の提出（データのコピーを含む）を求められることが通常です。資料を提出する際には、提出した資料等のリストが証券調査官等から交付されると思われます。

　なお、証券調査官らが行う資料の分析等の調査の結果は随時調査官報告書として記録が残され、上記1の質問調書と同様、課徴金審判手続において証拠として用いられることになります。

3　本人以外に対する質問調査等

　インサイダー取引の疑いがある取引に関する取引調査において、当該取引を行った本人が第三者から重要事実を聞き及んだ疑いがある場合は、本人に対する質問調査等に加えて、当該第三者（情報伝達者）を特定し、その者に対する質問調査や立入検査も行う必要があります。なお、情報伝達者に関しては、金商法167条の2（未公表の重要事実の伝達等の禁止）の規定に対する違反の有無も調査対象となります（同法177条、175条の2）。

　また、必要に応じて、本人の家族や職場の同僚などに対して質問調査が行われることもあると考えられます。

　さらに、本人の取引に関連して、当該取引の受託状況について、金融商品取引業者等に対する立入検査やその役職員に対する質問調査が行われることもありえます。このような金融商品取引業者等の役職員に対して質問調査が行われる場合、当該金融商品取引業者等の業務の一環として業務時間中に行われることもあります。なお、インサイダー取引を疑われている本人が顧客である場合、金融商品取引業者等の担当者が顧客にとって不利益な供述を躊躇することは心情としては自然ですが、金融商品取引業者等としては、コン

プライアンスの観点から、そのような担当者に取引調査の趣旨を理解させ、事実関係の正確な報告が行われるよう徹底することが重要です。

4 取引調査指針

　質問調査や立入検査は行政処分の一つであり、Q30で述べたとおり、裁判官が発する令状を必要とする逮捕や捜索・差押えとは異なって、調査対象者の自由な意思に反しても行うことができるという意味での直接的物理的な強制力はありません。取引調査指針において、証券調査官が調査対象者から事実関係等を聴取する質問調査について、「質問調査は対象者の同意を得たうえで行う」ものとすると明確に定められています。また、証券調査官が事件関係人の営業所等に立ち入って帳簿書類等の検査を行う立入検査については、「検査は対象とする物件又は場所の所有者若しくは管理者の同意を得たうえで行う」としています。

Q32 当社株式についてインサイダー取引が行われた疑いで、証券監視委から当社に接触がありましたが、当社に対してはどのような調査が行われますか

A 重要事実が生じた経緯や重要事実を認識している者の範囲等について調査が行われ、報告を求められる場合があります。また、経営陣が関わる会議体の議事録の提出が求められる場合もあります。

解　説

　インサイダー取引に係る取引調査においては、当該取引を行った本人や情報伝達者に加えて、インサイダー取引が行われたと疑われる銘柄の発行者である上場会社に対する調査が原則として行われます。

　インサイダー取引規制における重要事実はいくつかの類型に分類されますが、たとえば、重要事実が決定事実（金商法166条2項1号）の場合、証券監視委としては、当該上場会社の「業務執行を決定する機関」（業務執行決定機関）は何であったのか、また、その機関による決定はいつ行われたのかという経緯、重要事実を認識している者がだれか等について情報を収集する必要があります。このような情報は当該上場会社に存在するので、証券監視委は当該上場会社に立入検査を行い、決定事実に関係した部署（たとえば、他社との業務提携の決定が重要事実であれば、業務提携の交渉窓口を務めた部署等）の役職員や、業務執行決定機関またはその構成員に該当する可能性の高い社長等の経営陣に対して、当該決定事実に係る経緯について質問し、報告を求めることがあります。また、常務会や取締役会その他経営陣がかかわる会議体の議事録の提出が求められる場合もありえます。上場会社としては、重要事実については、情報管理を厳格に行い、記録にとどめておくことが望ましいと考えられます。

　上記の業務執行決定機関ですが、インサイダー取引規制上は、取締役会等

の会社法所定の決定権限のある機関には限られず、「実質的に会社の意思決定と同視されるような意思決定を行うことのできる機関であれば足りる」と解されており（最判平成11年6月10日刑集53巻5号（日本織物加工事件））、代表取締役社長そのものが業務執行決定機関と認定されることは少なくありません。

　証券監視委からの質問への対応や証券監視委に対する報告に際しては、証券監視委において、金融商品取引所から経緯報告書を取得することがあり、立入検査の前の段階で、重要事実が生じた経緯やだれが重要事実に係る決定に関与していたか等について一定程度把握していると考えられることに留意すべきです。また、証券監視委から経緯報告書の内容の確認を求められた場合に正確な回答をしないと、証券監視委の調査に対する虚偽の陳述に該当するおそれもあります（金商法205条の3第1号参照）。

　なお、取引を行った本人がだれであるかにかかわらず調査に協力するという前提で、本人がだれであるかを証券監視委に確認することも考えられますが、明らかにされるかどうかは事案によります。

　上場会社の役職員から聴取した事項や提出資料の写しは、質問調書の形式をとったり、調査官報告書の一部に組み込まれたりして、課徴金審判手続で証拠として用いられる場合があります。

　上場会社に対する調査においては、上記のとおり、重要事実が生じた経緯を把握し、重要事実の内容・発生時期を認定するための情報を得ることが第一義的な目的であると考えられますが、証券監視委においてインサイダー取引またはその疑いのある取引が生じた原因等を把握する観点から、当該上場会社における重要情報の管理をはじめとする内部管理体制やインサイダー取引防止体制の整備状況等についてのヒアリングもあわせて行われることがあると考えられます。上場会社としては、自社の内部管理体制やインサイダー取引防止体制を見直し、改善する機会ととらえるべきです。

Q33 クロスボーダー取引の調査はどのように行われていますか

A 必要に応じて、海外の証券監督当局との取決めに基づいてその協力を得て行われます。

> 解　説

　クロスボーダーで行われる不公正取引の摘発に向けた調査は、証券監視委の取引調査課に設置された国際取引等調査室が担当しています。インサイダー取引の要件は、クロスボーダー取引であっても、通常の国内取引と変わりませんので、基本的には、国内事案と同様の調査がなされることが原則です。

　もっとも、クロスボーダー取引の調査にはそれ特有の問題があります。すなわち、クロスボーダー取引の取引調査においては、国外に居住する非居住者に対する事情聴取や外国の証券会社に存在する発注記録などの資料の徴求を行う必要性が高いのですが、証券監視委がこれらの調査を直接外国で行うことは原則として認められていません。これは、「調査権限の行使という国家権力の行使を外国で行うことは、当該外国の同意なくしては認められない」という原則があるためです。

　そこで、証券監視委は、Memorandum of Understanding（MOU）と呼ばれる海外の証券監督当局との間の取決めに基づいて情報や資料の入手を行っています。このMOUは、二国間ベースで締結したものもありますが、世界の証券監督当局で構成されるIOSCO（国際証券監督者機構）が2002年に策定した各国証券監督当局間の協議・協力および情報交換に関する多国間覚書（Multilateral Memorandum of Understanding concerning Consultation and Cooperation and the Exchange of Information. 以下、「MMOU」という）がもっとも重要です（水川明大「IOSCO・マルチMOU（多国間情報交換枠組み）への署名

について」月刊資本市場2008年6月号55頁以降が詳しい)。証券監視委は、金融庁を通じてかかるMMOUの枠組みを利用するなどして、他国の証券監督当局に情報提供を求め、クロスボーダー取引の調査に必要な情報や資料を入手し、調査に活用しています。

　もっとも、証券監視委が、MMOU等を用いて、金融庁を通じて海外の証券監督当局と情報交換を行い、協力を求める場合には、実務上は、日本の法制度、違法性を基礎づける事実および違法性について、海外の証券監督当局の理解と納得を得る必要があります。どの程度の説明や疎明が求められるかは、情報要請先の当局のスタンスにもよりますが、自国法に基づいて権限を行使して、当該要請先当局からみて外国の行政機関である金融庁・証券監視委に情報提供する以上、情報提供要請には合理性があることが求められるのは当然といえます。

　なお、証券監視委は、MMOU等の活用に加え、さらなる調査プロセスの迅速化のため、国外の調査対象者に日本における代理人の選任を促し、代理人を通じて情報を入手するという手法をとることもあります。

　近時、金融庁・証券監視委においては、海外の証券監督当局との協力関係を急速に強化しています。このことは、個別の調査の円滑化にも資するものと考えられます。また、証券監視委は、クロスボーダー事案の摘発事例を着々と積み上げつつあり、このような事例の蓄積も、海外の証券監督当局との連携のさらなる円滑化につながり、クロスボーダー事案の調査に要する時間を短縮することにつながるものと考えられます。

Q34 証券監視委による取引調査の結果、インサイダー取引が認められた場合は、どうなりますか

A 証券監視委は、内閣総理大臣および金融庁長官に対して、違反者に課徴金納付命令を行うことを勧告し、これを受けて、金融庁長官により審判手続開始決定が行われます。

― 解　説 ―

1　勧　告

証券監視委による取引調査の結果、インサイダー取引が認められた場合は、取引調査指針によれば、証券監視委取引調査課または国際取引等調査室は、法令等違反の事実関係、ならびに内閣総理大臣および金融庁長官に対して違反者に課徴金納付命令を行うことを勧告する旨を記載した勧告書（案）を作成し、委員会に付議するものとされ、付議の結果、議決された場合には、証券監視委事務局から金融庁に対して勧告書を交付します。

証券監視委が勧告を行った際は、原則として記者に対して勧告事案の概要を説明し、質疑応答を行う記者レクを行い、また、記者レク後の同日に証券監視委ウェブサイトにおいても勧告事案の概要を掲載することとされています。

2　審判手続開始決定

課徴金納付命令の勧告が行われた場合、金融庁長官により審判手続開始決定が行われます（金商法178条）。被審人が証券監視委による認定事実を認める旨の答弁書（同法183条2項）を提出しない限り、審判官主宰の審判手続が行われ（同法180条）、法令違反事実の有無が審理されます。その審理結果に基づき、最終的には金融庁長官により課徴金納付命令の決定あるいは違反事実がない旨の決定が行われます（同法185条の7第1項・第16項）。課徴金納付命令の決定に対して不服がある場合は、その決定を覆すべく裁判所に取消しの訴えを提起することができます（同法185条の18）。

Q 35 証券監視委による取引調査の結果、インサイダー取引が認められなかった場合は、どうなりますか

A 証券監視委において特段の手続がとられることはなく、また、調査対象者に対し調査終了の通知が行われることもないと考えられます。

　　　　　　　　　　解　説

　証券監視委による取引調査の結果、インサイダー取引が認められなかった場合、課徴金納付命令の勧告が行われないことは当然です。

　証券検査では、指摘事項がない場合でも、委員会の議決後（財務局等にあっては財務局長等説明後）すみやかに証券監視委名（財務局等にあっては財務局長等名）において、検査対象先の責任者に対して交付するものとされています（証券検査基本指針）。また、開示検査でも、課徴金納付命令等の勧告を行わない場合は、証券監視委の議決後すみやかに証券監視委名において、検査対象先の責任者に対して検査終了通知書を交付するものとされています（開示検査基本指針）。

　しかし、取引調査指針では、取引調査の結果違反事実が認められなかった場合、証券検査や開示検査とは異なり、調査終了通知書のようなものを調査対象者に交付することとは定められておらず、実際にも調査対象者に取引調査が終了した旨を積極的に知らせる運用は行っていないのではないかと推測されます。

　調査対象者からしてみれば、証券監視委としては取引調査を終え違反事実なしと判断しているのに、調査終了の通知がないとすると、いつまでも不安定な地位に置かれることになります。証券監視委が調査終了通知を行っていないとしても、調査対象者からの問合せがあった場合はこれに応じる運用が望まれます（なお、刑事訴訟手続に関する規定であるが、不起訴の場合において、被疑者の請求があるときは、検察官は被疑者に知らせなければならないとす

第2章　不公正取引調査　87

る刑事訴訟法259条も参考となる）。

　また、たとえば、調査対象者の所属する上場会社が当該調査対象者の社内処分を検討するにあたって取引調査の結果が影響することも考えられるので、当該上場会社が証券監視委の調査に真摯に協力している場合において、取引調査が終了したか否かの問合せがあったときは、証券監視委においてこれに回答する運用が望まれます。

Q 36 証券監視委による取引調査の結果、インサイダー取引が認められた場合、違反者の氏名等が公表されることはありますか

A 機関投資家等の運用担当者等が取引上の立場を利用して未公表の重要事実を要求していた場合や、インサイダー取引など不公正取引を反復して行っていた場合は、違反者の氏名等が公表される可能性があります。

解 説

　Q34で解説のとおり、証券監視委が勧告を行った際は、原則として記者に対して勧告事案の概要を説明し、質疑応答を行う記者レクを行い、また、記者レク後の同日に証券監視委ウェブサイトにおいても勧告事案の概要を掲載することとされています。しかし、従来は、この記者レクにおいてもウェブサイトでの勧告事案の概要の公表においても、勧告の対象となった違反行為者個人の氏名が公表されることはありませんでした。また、金融庁長官により課徴金納付命令が発せられた場合も、違反行為者個人の氏名が公表されることはありませんでした。

　これに対し、平成26年から施行されている金商法192条の２は、内閣総理大臣は、公益または投資者保護のため必要かつ適当であると認めるときは、金商法または同法に基づく命令に違反する行為（法令違反行為）を行った者の氏名その他法令違反行為による被害の発生もしくは拡大を防止し、または取引の公正を確保するために必要な事項を一般に公表することができる旨を規定しています。

　この規定は、平成24年以降に相次いで課徴金勧告が行われた、いわゆる増資インサイダー事件を契機として設けられたものといえます。すなわち、この金商法192条の２の規定において主に想定している場面としては、機関投資家等の運用担当者等が取引上の立場を利用して未公表の重要事実を要求す

るなどにより、インサイダー取引を行ったような事案です。このような事案について、違反行為において中心的な役割を担った者等の氏名を明らかにし、将来の取引相手となりうる証券会社や投資家等に対して注意喚起していくことが適当と考えられるからです。

　また、上記のような事案以外についても、相場操縦など不公正取引を反復して行った者については、違反行為を繰り返すおそれがあることにかんがみ、違反抑止の観点から違反行為を行った個人名も明らかにし、将来の取引相手となりうる証券会社や投資家等に対して注意喚起していくことが適当と考えられます。機関投資家等の運用担当者等の場合に限らず、個人の違反行為者についても、反復してインサイダー取引を行っているような場合には、金商法192条の2の規定により、個人名が公表される可能性があります。

　金商法192条の2の規定を受けて、金融商品取引法令に違反する行為を行った者の氏名等の公表に関する内閣府令が施行されており、氏名等の公表方法としては、インターネットの利用その他の適切な方法により行うことが定められています。加えて、金商法192条の2に基づき違反行為者の氏名を一般に公表しようとするときは、あらかじめ、違反行為者に対して意見を述べる機会が与えられることとされています。

Q37 インサイダー取引に関し課徴金納付命令の勧告があった場合に行われる課徴金審判手続とはどのようなものですか

A 課徴金審判手続は、課徴金納付命令という行政処分のための事前手続であり、勧告を受けた違反行為者（被審人）は証券監視委の認定した事実を争うことができます。

解 説

1 審判手続開始決定

Q34で解説のとおり、証券監視委がインサイダー取引の事実があると認定し、内閣総理大臣および金融庁長官に対し課徴金納付命令発出の勧告を行った場合、金融庁長官により審判手続開始決定が行われます（金商法178条1項）。

審判手続とは、課徴金制度の慎重な運用を期すため、事件との関係で第三者的立場にある審判官（主に裁判官や弁護士出身者が務める）の主宰のもとに行われる、課徴金納付命令という行政処分のための事前手続です。勧告の対象となった違反行為者（審判手続において「被審人」と称される）にとって、不服申立ての場となります。

具体的には、金融庁長官において被審人に対し、審判手続開始決定書の謄本を送達することにより、審判手続が開始します（金商法179条3項）。

審判手続開始決定書には、①第1回の審判の期日および場所、②違反事実、③納付すべき課徴金の額およびその計算の基礎、④法令の適用が記載され（金商法179条2項、課徴金府令14条1項）、審判手続開始決定書に添付される通知書には、⑤被審人またはその代理人が審判期日に出頭すべき旨および、⑥答弁書を提出すべき期限が記載されます（課徴金府令14条2項）。

審判手続開始決定書を受領した被審人は、審判手続開始決定書記載の違反

第2章 不公正取引調査 91

事実の有無や納付すべき課徴金の額が正しいかどうかを確認し、違反事実として記載されている内容が事実と異なる場合や、課徴金の額について計算方法に誤りがある場合等には、その旨と理由を記載した答弁書を提出期限までに審判官に提出します（金商法183条1項）。答弁書に記載が求められる事項の詳細は、①納付すべき課徴金の額に対する答弁、②違反事実に対する認否、③法令の適用および課徴金の計算の基礎に関する主張、④被審人の主張とされています（課徴金府令16条1項）。なお、被審人が、違反事実および納付すべき課徴金の額を認める旨の答弁書を提出したときは、審判の期日を開くことを要しないとされています（金商法183条2項）。

審判手続において被審人が詳細な反論をするにあたっては、第1回の審判期日前に、審判官に対し、証券監視委が認定した事実および課徴金の計算の基礎を証する資料の閲覧または謄写を申し立てるのが有益と考えられます（課徴金府令30条4項）。このような申立てがあると、審判官は指定職員（金融庁の職員で、審判手続に参加するもの）に対し、被審人に閲覧または謄写させることを求めることができます。通常、被審人の株取引の経過を示す資料や質問調書等が開示されると思われます。

被審人は、弁護士、弁護士法人または内閣総理大臣の承認を得た適当な者を代理人とすることができます（金商法181条1項、課徴金府令9条）。

審判期日の開催の前に、争点および証拠の整理を行うため、準備手続が1回または複数回開かれるのが通常です（課徴金府令30条1項）。準備手続において、審判官から準備書面の提出が求められることがあります（同条2項。準備書面の提出方法や提出期限等について、同府令28条、29条参照）。

2　審判期日の開催

準備手続において、準備書面等により被審人の主張やこれに対する指定職員の反論等が尽くされ、審判官が争点および証拠の整理が十分になされたと判断すれば、審判期日が開催されます。

準備手続は非公開ですが、審判期日は、審判手続の適正性・公正性の確保

のため、原則として、公開されます（金商法182条本文）。金融庁の庁舎内に設置された審判廷で行われますが（課徴金府令18条）、民事訴訟における口頭弁論期日や刑事訴訟における公判期日と同様に、原則としてだれでも傍聴することができます。ただし、公益上必要があると認めるときは、非公開とされます（金商法182条ただし書）。被審人から非公開の申出を行うこともできますが、その申出は、非公開とすべき範囲、理由および期間を明らかにして行う必要があります（課徴金府令19条1項）。

　審判期日においては、準備手続において確定した争点および証拠の整理の確認、被審人による意見の陳述（金商法184条）、証拠書類および証拠物の取調べ（同法185条の3、課徴金府令50条以下）、参考人審問（金商法185条、課徴金府令36条以下）、被審人審問（本人審問。金商法185条の2、課徴金府令49条）等が行われ、必要があれば、学識経験者に対する鑑定命令・鑑定人審問（金商法185条の4、課徴金府令57条）が行われることもあります。

3　審判手続の終結

　審判官は、審判期日等において、課徴金納付を命ずる決定その他の決定をするに足りる主張および証拠の提出がされたと認めるときは審判手続を終結します（課徴金府令60条1項）。なお、被審人が審判期日に出頭しない等の場合において、審判官は、審理の現状等を考慮して相当と認めるときは、審判手続を終結することができます（同条2項）。また、被審人が連続して2回、審判期日に出頭しなかった等の場合は、審判官は審判手続を終結するのが原則です（同条3項、必要的な終結）。

　審判官は、審判手続を終結した後、決定案を作成します。審判手続の終結後2カ月をメドに決定案が作成されているようです。そして、審判官は、作成した決定案を内閣総理大臣（委任により金融庁長官）に提出します（金商法185条の6）。

　金融庁長官は、この決定案に基づき、違反事実の有無を判断し、違反事実があると認めるときは、被審人に対し課徴金を国庫に納付するよう命ずる旨

の決定をします（金商法185条の7第1項・第19項）。これとは反対に、違反事実がないと認めるときは、金融庁長官は、その旨を明らかにする決定をしなければなりません（同条第18項・第19項）。金融庁長官は、あくまでも審判官の作成した決定案に基づいて決定しなければならないものであり（同条第19項）、通常は、決定案がそのまま金融庁長官による決定の内容となると思われます。

金融庁長官によるこの決定は、被審人に当該決定に係る決定書の謄本を送達することによって、その効力が生じます（金商法185条の7第22項）。

課徴金の納付を命ずる旨の決定がなされた場合、その決定書には、金融庁長官が認定した事実、これに対する法令の適用、課徴金の計算の基礎、納付期限が記載されます（金商法185条の7第20項、課徴金府令61条）。課徴金の納付期限は、決定書の謄本を発した日から2カ月を経過した日に設定されるので（金商法185条の7第21項）、当該納付期限までに所定の方法で課徴金を納付します。なお、被審人がこの判断を不服とするときは、決定の送達を受けた日の翌日から30日以内に、管轄の地方裁判所に取消しの訴えを提起することができますが（同法185条の18）、この場合でも、納付期限までに課徴金を納付しなければなりません。

違反事実がない旨を明らかにする決定がなされた場合は、これにより被審人に対し課徴金が課されないことが確定的となります。すなわち、課徴金納付命令の発出の勧告を行った証券監視委から、違反事実なしとする決定を覆すことを裁判所その他の機関に求めることはできません。

Q38 当社に対して、ある従業員がインサイダー取引を行った疑いで、証券監視委より調査が入りました。一部の従業員が、証券監視委からヒアリングを受けているのですが、まずは、会社としてどのような対応をしたらよいですか

A まずは、当該従業員に対するヒアリングを行って、事実関係を把握することが必要です。

解　説

　後記Q39のとおり、インサイダー取引の疑いで従業員が証券監視委の調査対象になる場合にはさまざまなパターンがあります。

　たとえば、従業員が社外において知人から会社と無関係の他の上場会社の重要事実等の伝達を受けて、インサイダー取引を行った場合は、会社とは無関係であって、あくまでも従業員の個人の問題と整理することも場合によっては可能です。この点は、会社自体の重大な不祥事である粉飾決算等の開示の調査の場合とは異なるといってよいと思います。なお、調査に入った証券監視委の職員が、取引調査課に属する職員であれば、課徴金調査であり、特別調査課に属する職員であれば、刑事罰につながる犯則調査ということになります。

　いずれにせよ、会社の問題ととらえて社内調査等の対応が必要か、会社と無関係な個人の問題と考えてよいかも、そもそも事実関係を把握しないと判断することはできません。証券監視委より、会社に対して調査協力を求められたような場合には、会社が情報を取得した舞台になっている可能性がありますので、事態を軽視することはできないと考えるべきと思われます。特に、複数の従業員が調査協力を求められているような場合には、会社と無関係ということにならない可能性が高いといえます。

そこで、会社としてできることは、まずは、証券監視委の質問調査の対象になった者に対して、監視委の調査に対して、どのような話をしたかについて、ヒアリングをして、だれのどのような行為が調査対象になっているのかを把握する必要があります。
　証券監視委等の調査官らは、一般的には、だれのどのような行為が調査対象であるかを対外的に説明することはありませんので、会社のほうで当該従業員らから話を聞く必要があります。
　この点、証券監視委の調査の対象になっている者については、調査官より情報管理や口裏合せの防止の観点から、調査の内容を第三者に話すこと等は避けるように求められることが通常ですが、対象者について、たとえば、勤務時間中に業務を外すなどして、証券監視委の調査に協力させるように会社が求められている等の場合には、会社が調査対象者に対してヒアリングを行うことは基本的には認められています。
　なお、かかるヒアリングについては、コンプライアンスを担当する部署が主体となることが望ましいと思われます。また、これらの担当部署が、すみやかに経営陣と情報を共有し、当該問題に対応する体制を整備することが必要です。証券監視委や外部からの問合せに対応する窓口も定めておくことが望ましいと考えられます。
　なお、調査対象になっている従業員等の関係者に対して、証券監視委より会社が得た情報が伝わってしまうと、後の調査において関係者らが事実と異なる話をすることを誘発し、結果として証券監視委の調査を妨害することにつながりかねません。また、社内に噂が広まってしまった場合は、社外に誤ったかたちで情報が出てしまい、会社の風評が害されるおそれがあります。そこで、証券監視委の調査を含む当該事案についてだれが知る必要があるのか、連絡はどのようなルートで行うのかをあらかじめ定め、情報を適切に管理するよう努める必要があります。
　また、証券監視委より会社に対して協力要請があった場合には、調査の対

象者について全面的に調査協力するように働きかけることが望ましいといえます。加えて、関係者により、証拠の散逸・隠滅がなされることがないように必要な措置を講じる必要があり、たとえば、社内メール等をすみやかに改変できないよう保存する等の対応が必要になると考えられます。ただ、証券監視委に無断で証拠となりうるデータを移動させたりすると、証券監視委の調査の妨げになるおそれもありますので、念のため、証券監視委の調査官等と協議をしながら進める必要があります。

　さらに、従業員が一定期間継続的に証券監視委より質問調査に呼ばれることが合理的に想定される場合等、当該従業員が職務に継続して従事することが困難あるいはその性質上適当ではない場合については、自宅待機を命ずるなどの対応が必要な場合もあるでしょう。

Q39 Q38の事例で、当該従業員について、なんらかの問題のある行為があったようすです。当社において社内調査を行いたいのですが、可能ですか

A 可能です。なお、インサイダー取引の事例では、証券監視委の勧告の前に調査を行う場合には、通常は第三者委員会を設置するのではなく、弁護士等を交えた社内調査のかたちで行うのが一般的であると考えられます。

― 解　説 ―

1　社内調査の要否

　インサイダー取引で従業員が調査対象になる場合にはさまざまなパターンがあります。

　たとえば、従業員が社外において知人から会社と無関係の他社の重要事実等の伝達を受けて、インサイダー取引を行った場合は、会社の業務とは無関係で、あくまでも従業員の個人の問題と整理することもありえます。開示の事例等とは異なり、インサイダー取引については、必ずしもすべての事例で社内調査が行われているわけではありません。

　しかし、会社が上場会社である場合、上場会社の従業員が自社の重要事実を知って自社株を売買するインサイダー取引の場合は、自社における情報管理態勢が問われることになります。

　また、自社が上場会社の契約締結先（たとえば業務委託先）であった場合には、自社の従業員が顧客である上場会社の情報を悪用して行ったインサイダー取引の場合には、当該上場会社との間の契約に違反する可能性が高いほか、顧客である当該上場会社自身のその顧客に対する信用を害することにつながります。さらに、自社の顧客情報の取扱いへの信用が失墜し、当該上場会社はもちろんのこと、他の取引先から取引を打ち切られるリスクもありま

す。

　このように、インサイダー取引については、会社の情報管理体制を疑われることがあり、そのような場合、重要な不祥事として、二度とそのようなことは起こさないという再発防止策を早期に示す必要があります。

　このためには、当該事案についての正確な事実関係を早期に把握することが重要になります。

　したがって、事案によっては、証券監視委による勧告等がなされる前の調査の段階から、会社において並行して社内調査を行う必要があることもあります。

2　社内調査の可否

　まず、証券監視委は、社内調査等を行うことを禁止する権限を有するわけではありません。

　また、並行して社内調査を行うことが、一概に証券監視委の調査の妨げになるわけでもありません。

　したがって、自社において社内調査を行う必要性がある場合には、原則として社内調査を行うことは可能です。

3　調査の形態について

　なお、従業員によるインサイダー取引の疑いが発覚した場合に、調査の形態として、いわゆる第三者委員会を設置するか、社内調査委員会（外部者の参加を含む）による調査に留めるかを検討することになりますが、いずれによるかは事案の性質によるものと考えられます。たとえば、経営幹部クラスによるインサイダー取引が疑われている場合や、特定の部署が問題のある取引を組織的に行っている疑いがある場合には、社内調査では公正性が確保できないおそれがあるため、第三者委員会を設置して調査を行う必要性が高いと思われます。一方、あくまでも特定の従業員による個人的な行為である可能性が高い場合には、あえて第三者委員会を設置する必要まではないと考えられます。一般論ですが、組織的な不公正行為である疑いがある場合を除

第2章　不公正取引調査　99

き、インサイダー取引の場合に、第三者委員会を設置しなければならないケースは、さほど多くはないといえそうです。

　また、第三者委員会を設置する場合には、証券監視委による勧告等、当該事案が対外的に明らかになった後にするほうが通常であり、それまでは社内調査を可能な範囲で行うという対応が一般的であると考えられます。

Q40 Q38の事例で、社内調査を行うことになりましたが、インサイダー取引の社内調査について留意すべき点は何ですか

A まずは、情報管理体制を整えることが重要です。そのうえで、証券監視委の調査を妨害することにならないように留意しつつ、任意での調査の限界を意識して調査を行う必要があります。

――― 解　説 ―――

1　情報管理

　まず、インサイダー取引が行われたかどうかもわからない状況において、インサイダー取引が行われた疑いがある旨の情報が外部や社内に漏えいした場合、関係者から正しい供述を得ることが困難になったり、あるいは、外部からの問合せが殺到したりして、会社が混乱するおそれがあります。そのような状況に陥った場合、事案の解明が困難になるおそれがあるほか、会社としての風評が害されることもあり、望ましくありません。このように、社内調査を行うに際して、最も留意すべきことは、情報が社内外に漏えいしないようにすること、すなわち情報管理です。

　調査の性質上、情報漏えいのおそれがあるような場合は、証券監視委の調査の終了、処分の公表等を待って、追加的に調査を行うほうが適切なものもあります。

2　調査の目的

　調査の目的については、まずは、事実関係の解明と再発防止策の策定が主となります。

　前者の事実関係の解明については、問題となっている取引行為の事実確認とともに、当該従業員がほかに疑わしい取引を行っていないか、また、当該従業員の周辺の従業員をはじめとする他の職員が同様の疑わしい取引を行っ

た形跡がないかの確認を行うことになります。

この点、問題の取引がインサイダー取引の要件を満たすか否かについても、当然検討の対象になります。しかし、事案によっては、社外の関係者の行為や社外の事実関係がインサイダー取引の成否の要件になることもありますので、その場合は、社内調査では把握できないこともあります。したがって、社内調査においては、社内調査で知りうる範囲で、客観的な事実関係を明らかにすることに注力すべきと考えられます。

また、再発防止策策定との関係において、社内や業務において、当該重要事実を知ったり伝達を受けたという経緯があった場合、会社の業務フローに問題はないか、情報管理体制に問題がないかの検証も必要になります。また、場合によっては、従業員の株取引の実態等についても調査する必要がありますが、これらについては、情報管理の観点を考慮してできる範囲に限界があることを念頭に置く必要があります。

3 調査の主体

次に、調査を実施する主体を決める必要がありますが、上述の情報管理の観点から、経営陣を中心に、コンプライアンス部門の職員でチームを組成して行うことが考えられます。

特に、インサイダー取引に係る情報の管理の当事者であった部署やインサイダー取引を行った従業員の所属する部署が主導的に調査を行うことは、調査の適切性が担保できないため好ましくないと考えられます。

また、社内調査について、外部の弁護士等の専門家を交えて行うことが原則と考えられます。また、データの解析等については、デジタル・フォレンジックを提供するベンダー・会計事務所等に依頼することもありえます。

従業員へのインタビューは、人数にもよりますが、弁護士等の第三者が行ったほうが正確性や中立性が期待できますし、書類等の証拠の精査も専門性が求められる場合が多いと考えられます。

4　行いうる調査

　社内調査としては、当該取引を行ったと疑われている従業員、インサイダー情報の入手元である可能性のある従業員、当該事案に関連していた従業員等に対するヒアリングが考えられます。また、上記関連従業員のメール等やその他の当該事案に関連する資料についても確認する必要があると思われます。

　なお、インサイダー取引の場合、事件の関係者が社外にいる場合もありますが、社内調査の場合は、社外の者に対する調査は基本的には容易ではありません。また、どうしても行う必要がある、あるいは、社外から協力が得られる可能性が高い場合には、証券監視委と調整を行ったうえで実施することが考えられますが、不用意に社外の者に対して協力を求めると、その結果、証券監視委の調査を妨害することになってしまうおそれがあることに留意が必要です。

　なお、社内調査については、あくまでも任意調査であることを念頭に置くべきです。社内調査の対象となる従業員については、業務時間内に、通常業務の担当から外すなどしたうえで業務の一環として社内調査に協力させることが考えられます。この場合に、業務から外れることについて、従業員が拒んだ場合にどのような対応をするべきかについては、当該従業員の事案への関与度合い等を勘案して個別に対応を検討することになりますが、証券監視委より当該従業員を指名して調査協力要請を受けているような場合は、会社として事案を把握する必要がありますから、業務から外すことについて合理性があるものと考えられます。

　また、調査については、メールや社内のPCの記録等を解析するいわゆるデジタル・フォレンジック調査が必要になる場合が多いと思われ、これについては、自社の能力で対応がむずかしい場合には、それを専門とする公認会計士・調査会社等に依頼して行うことが適当であると思われます。なお、会社のPC等に残っているメールや記録については、会社の判断で調査対象と

することができますが、個人の携帯電話等の私物については、やはり本人の同意を得たうえで行う必要があります。

　なお、社内調査の記録は、将来的に、従業員に対する懲戒処分の根拠となったり、会社としての公表資料の根拠になる可能性があるものですので、客観性が担保されるようにする必要があります。たとえば、聴取の結果については、なるべく本人の確認を得て、その署名押印を求めておくことが望ましいと考えられます。また、資料の提出を受ける場合にも、手続が適正に行われたことを担保しておく意味で、同意書の提出を受けることが望ましいと考えられます。

5　調査の終期・公表

　社内調査の結果については、公表する場合もしない場合もありますが、公表する場合には、基本的には証券監視委の調査の終了を待って公表することが望ましいと考えられます。なお、証券監視委が調査を開始してから、一定期間経過し、さらに追加の調査を行っているようすが見受けられない場合には、証券監視委の担当の調査官等に対して連絡をして、調査終了の見込み等の問合せをすることが考えられます。これに対しては、証券監視委からは調査の終了の有無について明示的には答えてくれないことが通常ですが、その際の感触等も対応の参考になるものと考えられます。

Q41 Q38の事例で、当社としては、当該従業員を解雇したいと考えているのですが、可能ですか

A 解雇することは可能です。ただし、証券監視委の調査が入ったことを理由にすることはできず、社内規則違反等を理由に懲戒することになると考えられます。また、証券監視委の調査が困難になる状況にならないかを考慮する必要があります。

　　　　　解　説

　インサイダー取引の疑いで証券監視委の調査対象となった従業員については、会社として厳しい姿勢を示す意味でも、懲戒解雇等を検討することもありうると考えられます。課徴金納付命令の勧告やその発令等を契機にする場合もありますが、場合によっては、証券監視委による勧告処分等に先立って懲戒解雇等の処分を行う必要があることもありえます。

　まず、証券監視委の調査対象となったとしても、その本人がインサイダー取引を行ったということを必ずしも意味するものではありません。懲戒処分を行う場合には、社内調査などの会社独自の調査結果を根拠とする必要があります。

　また、将来的に当該従業員から解雇処分について争われることも十分予想されます。したがって、当該従業員が行った行為が会社の社内規則等に照らして懲戒処分の対象になるか、当該解雇の理由となる行為を認定するのに十分な証拠があるかを十分に検討する必要がありますので、解雇を急ぎすぎないことも重要です。特に、当該従業員が事実関係を否認しているなど、証券監視委の調査結果が明らかにならない段階では、そもそも事案の全容を会社が把握することには限界があるため、インサイダー取引を行ったという理由で処分をすることは場合によっては困難な場合もあると思われます。そのような場合には、従業員としての守秘義務違反や信用失墜行為を理由に処分を

第2章　不公正取引調査　105

行うことが可能かどうかを検討することになると考えられます。

　なお、当該従業員がインサイダー取引を行ったことを否定している事例などで、当該従業員に対して業務命令で調査対象となっている従業員が証券監視委の調査に協力的ではないことがあります。この場合、解雇処分により会社から証券監視委の調査について全面的に協力するようにという業務命令がなくなると、従業員が証券監視委の調査に協力せず、出頭しなくなる可能性もあります。このような場合には、証券監視委の調査に対して悪影響を及ぼすことがないか、証券監視委とも協議をしながら、解雇処分のタイミングを決定することが適当であると考えられます。

Q42 証券監視委が行う調査として、ほかに犯則調査というものがあると聞きますが、どのような調査ですか

A 犯則調査とは、金融商品・取引の公正を害する悪質な行為の真相を解明し、投資者保護を図る目的のため、証券監視委の特別調査課により行われる調査をいいます。犯則調査は、証券監視委の職員固有の権限として認められていることのほか、証券監視委の他の活動（証券検査、開示検査、取引調査）では認められていない強制調査権限（金商法211条等）が認められていることなどの特色があります。

証券監視委は、犯則調査の結果に基づき、調査に係る事案につき犯罪の心証を得た場合に捜査機関に対して告発を行います。

解　説

1　犯則調査とは

　金商法は、インサイダー取引の罪、相場操縦の罪、虚偽有価証券報告書等提出の罪といった金商法違反の一定の罪（同法210条、同法施行令45条）について「犯則事件」とし、このような犯則事件の真相を解明するため、証券監視委固有の権限として、強制調査権限を含む一定の調査権限を与えていますが（金商法210条等）、証券監視委が行う、このような犯則事件の調査を犯則調査といいます（なお、マネーロンダリング行為を規制する犯収法に違反する一部の行為についても犯則事件とされている。また、「固有の権限」とは、他の調査権限がいずれも内閣総理大臣から委任を受けた金融庁長官から再委任を受けるかたちで行使する権限となっているのに対して、犯則調査権限は証券監視委の独自の権限であるという意味である）。

　証券監視委は、犯則調査により、犯則の心証を得たとき、すなわち、犯則事件の違反があると認定したときには、違反者の処罰を求めるため捜査機関に対する告発を行います（金商法226条1項）。

このように、犯則調査とは、市場の公正を確保し、投資者保護を図るため、証券監視委が刑事訴追等を相当と判断する悪質な行為の摘発を目的として実施する調査であるということができます。

　なお、証券監視委において犯則調査は特別調査課が担当しています。犯則調査の対象となる罪名の典型的なものとしてインサイダー取引、株価操縦などの不公正取引や虚偽有価証券報告書等の提出などがありますが、これらは取引調査課の実施する取引調査や開示検査課の実施する開示検査の対象となる違反行為と重複しています。よって、これらの行為の嫌疑により臨店調査等を受けた際には、証券監視委のいずれの課が調査を実施しているのかによってその後の手続や事案処理が大きく異なりうるということに留意する必要があります。

　以下、犯則調査について、証券検査、取引調査、開示検査との大きな相違点を中心に概要を説明します。

2　強制調査と任意調査

　犯則調査には、強制調査と任意調査があります。

　任意調査においては、犯則事件の事実関係を調査するため、犯則嫌疑者または参考人（以下、「犯則嫌疑者等」という）に対して出頭を求め、質問し、所持している物件等を検査し、証拠とするために領置すること、また、官公署または公私の団体に照会して必要な事項の報告を求めることができることとされています（金商法210条2項）。

　これらの任意調査は、証券検査権限（金商法56条の2）、取引調査権限（同法177条）、開示検査権限（同法26条）と同じく犯則嫌疑者等その他調査対象者の意に反して行うことができない調査であるということになります。もっとも、証券検査権限等が検査を忌避したり妨害したりした行為について独立の罰則が設けられているという意味で「間接強制」という性質を有するのに対して、犯則調査における任意調査権限は調査を忌避したり妨害したりする行為について独立の罰則はないという違いがあります（ただし、刑法上の公

務執行妨害罪の適用はありえ、また、任意調査を妨害するような行為をすれば強制調査権限の行使を招くことになると考えられる）。

　次に、犯則調査においては、裁判官が発する許可状により、臨検（建物等に立ち入ること）、捜索（証拠物件等を探索すること）、差押え（証拠物件の占有を証券監視委が取得すること）といった調査を行うことができ、これらは、犯則嫌疑者等その他の意に反するかどうかにかかわりなく実施されることから、強制調査と呼ばれます。なお、警察など一般の捜査機関のように強制調査権限として犯則嫌疑者等を逮捕する権限は認められていません（つまり、物的な意味での強制調査権限のみが犯則調査には認められており、人的な意味での強制調査権限は認められていないということである）。

　このような強制調査が証券監視委の実施する各種の調査のなかで犯則調査のみに唯一認められているのは、犯則調査が刑事告発を行うことを目的とし、そのための事実調査と証拠収集の手続であるとの性質を有し、他の行政調査手続と異なり、刑事手続にその目的や性質において近い手続であるとの特徴を有していることに基づくためといえます。この点、金商法227条において、犯則調査に対する行政不服審査法による不服申立てをすることができない旨が規定されていますが、この条文について、「犯則事件の調査は、行政手続であるが、実質的には犯罪捜査であり、告発を目的とするものであって、告発により刑事手続に移行することが当然の前提とされている。それゆえ、犯則事件の調査のために行った処分について、その当不当の判断を行政機関に求めることは適当でないと考えられることから、行政不服審査法の特例が設けられたものである」（河本一郎・関要監修『逐条解説証券取引法』1633頁（商事法務））との説明があるとおり、犯則調査が刑事手続に近い手続であることがその理由とされています。なお、犯則調査については、証券検査、取引調査、および開示検査に関する基本指針のような公表された指針はなく、実際の犯則調査において、特別調査課が、任意調査権限と強制調査権限をどのように使い分けているのかは必ずしも定かではありません。

この点、金商法では任意調査権限と強制調査権限の関係について明記はされていませんが、上記のとおり犯則調査が刑事手続に近い手続であることを考えると、刑事訴訟法の規定や解釈がおおいに参考にされるべきと考えられます。そして同法197条1項は「捜査については、その目的を達するため必要な取調べをすることができる。但し、強制の処分は、この法律に特別の定めがある場合でなければ、これをすることができない」と規定しており、刑事捜査における任意捜査の原則を定めていますので、犯則調査においても任意調査が原則とされるべきものと考えられます。

3　質問調査の性質

　上記のとおり、証券監視委は、犯則調査の一環として任意調査による質問調査を行うことができますので（金商法210条1項）、これに基づき、犯則嫌疑者等に対して調査に係る犯則事件に関係する事項についてヒアリングを行います。そして、このようなヒアリング（質問）を行った場合は、調書（いわゆる供述調書）が作成され、質問を受けた者は署名押印を求められます（同法219条本文）。

　ここで、質問調査に関する具体的な問題を数点検討してみます。

　まず、質問調査の実施時間等について証券監視委に対して予定の変更を求めたり、緊急の用事が発生したことなどにより質問調査を途中で切り上げてもらうよう求めることなどはできるでしょうか。

　上記のとおり、この質問調査は、任意調査として実施されているものですが、犯則調査については、刑事訴訟法の規定や解釈がおおいに参考にされるべきと考えられます。そして、同法198条1項但書には、「被疑者は、逮捕又は勾留されている場合を除いては、出頭を拒み、又は出頭後、何時でも退去することができる」と規定されていますので、質問調査を求められた場合であっても、どうしても当該時間に質問調査に応じることができない事情があるなど正当な理由があるときには、調査官に対してその旨を説明し、時間を変更してもらう、あるいは質問調査を途中で切り上げてもらうなどの対応を

求めることには問題はありません。

　次に、質問調査の際に立会人等を求めることはどうでしょうか。

　これについては、金商法216条の立入禁止処分や同法217条において臨検、捜索または差押えをするときには立会人が必要とされていることの反対解釈から、質問調査においては立会人等が必要ではないと解釈されていると考えられることから、立会人等を求めても証券監視委がこれに応ずるかどうかはその裁量によると考えられます（筆者らの経験上では立会人等が認められることはないと思われる）。

　では、質問調査の対象者に日本国憲法38条1項の規定による、いわゆる供述拒否権が保障されるかという問題についてはどうでしょうか。

　ここで、「いわゆる供述拒否権の保障は、純然たる刑事手続においてばかりでなく、それ以外の手続においても、対象となる者が自己の刑事上の責任を問われるおそれのある事項について供述を求めることになるもので、実質上刑事責任追及のための資料の取得収集に直接結びつく作用を一般に有する手続には等しく及ぶ」（最判昭和47年11月22日刑集26巻9号554頁「川崎民商事件」）との判断を示した最高裁判所の判例があり、この判示をふまえて、税務調査における国税犯則取締法上の犯則嫌疑者に対する質問調査について、供述拒否権の保障が及ぶことを認めた判例があります（最判昭和59年3月27日刑集38巻5号2037頁）。犯則調査における質問調査についての裁判例はありませんが、このような裁判例をふまえると、犯則調査における質問調査についても供述拒否権の保障は及ぶと考えられます。なお、供述拒否権の保障について、質問調査を実施する証券監視委の側が告知すべき義務まではないと考えられます。

4　領置・差押え物件の閲覧謄写等

　犯則調査により領置、差し押さえられた物件については、目録が作成・交付され（金商法220条）、留置の必要がなくなったときに還付（返還）されます（同法222条）。

もっとも、調査対象先としても、たとえば、社内調査等の観点から証券監視委の領置、差押えに係る物件について、還付前に内容の確認等を行うべき必要性が生じることはありうることです。

　この点刑事訴訟法の解釈においては「押収は右の目的（※刑事裁判の証明資料として役立たせる目的）を達成するために物の占有を一時強制的に取得継続する効力を有するにすぎない。いずれは所有者等に返還すべきものである。このことは押収物が没収することができる物においても同様」「けだし没収は見込にすぎないからである」（石井一正「押収物の保管」『捜査法体系Ⅲ　捜索・押収』155頁（日本評論社））といった指摘がなされているところです。このような指摘から、上記のような社内調査等の観点から還付前に押収資料の内容について確認すべき場合について考えてみると、領置、差押えに係る物件は証券監視委が一時的に占有を取得したものであり、当該物件の所有権等が移転したものではないことから、物件所有者等が正当な理由に基づき内容の確認等を求めた場合に、これを無条件に拒否できる権限まで証券監視委に認められているものではないと解されますので、証券監視委に対して領置、差押えに係る物件の閲覧または謄写を求めることは可能と解されます。

　筆者らの経験上も、証券監視委との協議を経て閲覧謄写が認められていますが、このような考えによるものと思われます。

第 3 章

開示検査

Q43 「開示検査」とは何ですか

A 開示検査とは、金商法に基づいて提出される有価証券報告書等の開示書類について、同法26条等の権限に基づいて実施される検査のことです。その代表例である上場企業が提出する有価証券報告書や四半期報告書に対して証券監視委が同条に基づいて実施する検査については、その実施手続等に関して開示検査基本指針が公表されています。

解　説

1　開示検査の意味

　有価証券の発行・流通市場では、上場企業をはじめとして、有価証券報告書等の提出義務を負う発行者等からさまざまな開示書類が提出されますが、それらの開示書類に関してそれぞれ対応する金商法上の権限に基づいて実施される検査が開示検査です。上場企業が提出義務を負う有価証券報告書や四半期報告書について、同法26条に基づき、当該上場企業やその他の関係者もしくは参考人に対して報告もしくは資料の提出を命じ、帳簿書類その他の物件の検査を行う場合が代表例としてあげられます。

　上場企業に対する開示検査で行使される金商法26条は、同法上、内閣総理大臣の行政上の権限として規定されていますが、内閣総理大臣から金融庁長官に委任され、金融庁長官から証券監視委に再委任されることにより、証券監視委が検査を実施しています（同法194条の7第1項・第3項、同法施行令38条の2第1項）。ただし、証券監視委は合議制の機関であり、実際の検査は、証券監視委の事務を処理するために置かれた証券監視委事務局の開示検査課に所属する証券調査官が証券監視委の職員として開示検査の権限を行使します。

　開示検査の結果、開示書類の重要な事項につき虚偽記載等が認められた場合、証券監視委は、金融庁長官等に対して課徴金納付命令の発出を勧告する

ほか、必要に応じて訂正報告書等の提出命令の発出を勧告します。また、重要な事項についての虚偽記載等が認められなかった場合でも、有価証券報告書等の訂正が必要と認められた場合には、適正な開示を求める観点から自発的な訂正を促すことがあります。

2 開示検査基本指針の導入

証券監視委による開示検査は、平成16年の証券取引法改正（平成17年施行）による課徴金制度の導入以降実施されており、証券監視委は、社会の耳目を集めた大型事案の課徴金納付命令勧告を行うなどして事案処理の実績を着実に積み重ねてきました。しかし、同じく行政上の検査権限に基づいて証券会社等に対して実施する証券検査では証券検査基本指針が公表されていたのに対し、開示検査では、従来、こうした基本指針が公表されておらず、開示検査の実施手続等は上場企業を含む市場関係者からはわかりにくく、予測可能性が低いという問題がありました。

そこで、証券監視委は、課徴金制度導入後の開示検査の実務での定着をふまえ、検査手続の透明性を高めることをねらいとして、開示検査の基本的考え方や上場企業に対する標準的な実施手続等を定めた「開示検査に関する基本指針」（以下、「開示検査基本指針」という）を平成25年8月に公表しました。

したがって、上場企業としては、万一証券監視委の開示検査を受けた場合には、開示検査基本指針の内容を十分ふまえたうえで検査対応を検討すべきといえます。

Q44 開示検査はどのような目的で実施されますか

A 開示検査の目的は、①正確な企業情報が迅速かつ公平に市場に提供されるようにすること、②開示規制の違反行為を適切に抑止することにあります。

【解　説】

1　開示検査の目的

開示検査基本指針では、開示検査の目的として、①正確な企業情報が迅速かつ公平に市場に提供されるようにすること、②開示規制の違反行為を適切に抑止することの2点があげられています。

この開示検査の目的につき、重要な事項につき虚偽記載のある有価証券報告書が提出されている場合を想定してより具体的にみてみると、まず、①については、訂正報告書の提出による企業自らの自発的訂正、あるいは、証券監視委の課徴金納付命令勧告や訂正報告書の提出命令勧告によって、正確な企業情報が市場に迅速かつ公平に提供されることを確保するねらいがあると考えられます。

一方、②については、開示検査の過程で企業の内部管理体制等の問題を指摘してその改善を促すなどして将来的な開示規制の違反行為を抑止することをねらったものと考えられます。

証券市場では、投資者が自己の投資判断に基づいて自己責任で有価証券に対する投資を行いますが、投資者の自己責任を問うためには、有価証券の発行者による企業内容等の適正な開示が行われていること、つまり開示規制が遵守され、正確、迅速かつ公平なディスクロージャーが確保されていることが大前提となります。したがって、こうした意味での究極的な行政目的である投資者保護の大前提となる適正なディスクロージャーを確保するため、①と②の目的で検査を実施するというのが開示検査の基本的な考え方というこ

とができるでしょう。

2　犯則調査の目的との相違

　重要な事項につき虚偽記載のある開示書類の提出行為は、課徴金納付命令の要件を満たすほか、犯則事件として犯則調査の対象ともなりうることから、開示検査と犯則調査の目的の相違の有無が問題となります。

　この点、犯則調査は、金融商品・取引の公正を害する悪質な行為の真相を解明して刑事責任を追及することを目的としており、上記で説明した投資者保護の行政目的の達成を企図した開示検査の目的とは大きく異なります。

　両者の目的が異なることからすると、事案によっては同一事件につき犯則調査と開示検査の双方を実施することも想定され、実際に近時の大型粉飾決算事案であるオリンパス事案では、重要な事項につき虚偽記載のある有価証券報告書の提出行為につき、証券監視委は、犯則調査による刑事告発と開示検査による課徴金納付命令勧告の双方を行いました。ただし、目的が異なる以上、罰金と課徴金を併課しても問題がないようにも思われますが、金商法は、課徴金額と罰金額については同一事件と評価される場合の調整規定を設けています（同法185条の7第14項等）。

　そもそも金商法の課徴金は「制裁」として整理されているものではありませんが、仮に制裁としての実態があると考えても、開示検査は、過去に提出された開示書類の重要な虚偽記載を認定して企業に制裁的な課徴金を課すことを目的とするものではなく、その最大のミッションは、あくまでも検査時点および将来の投資者に対して正確な企業情報が迅速かつ公平に開示されることを確保することによる投資者保護の実現と考えられているのであって、この点は制裁としての刑事責任の追及をねらった犯則調査とはまったく異なります。証券監視委が毎年度公表する活動状況では、開示検査の実績として、課徴金納付命令勧告や訂正報告書の提出命令勧告を行った件数に加え、課徴金納付命令勧告等は行わなかったものの、自発的な訂正を促した件数も公表しているのは、単なる勧告事案の処理件数を実績としているものではな

く、適正な開示の実現を行政目的としてとらえているからであると考えられます。

　なお、上場企業が提出する開示書類についてはこれを受理する財務局の審査の対象にもなり、投資者保護を行政目的とする点で証券監視委の開示検査と共通の目的を有しますが、財務局の審査では証券監視委の開示検査のようなオンサイトでの現物検査等が実施されることは基本的にはありません。

　また、上場企業の有価証券報告書等に虚偽記載がある場合に実施される証券取引所の審査は、上場廃止基準への該当性を判断する目的で実施されるもので、証券監視委の開示検査とは直接的な目的が異なります。

3　開示検査の目的をふまえた留意点

　上記のとおり、投資者保護の観点から、正確な企業情報の迅速かつ公平な開示を確保し、企業の内部管理体制等の問題の改善を促すなどして将来の開示規制の違反を抑止することが開示検査の目的であることをふまえると、単に提出済みの開示書類の重要な事項に虚偽記載等があったか否かだけが検査の着眼点ではないことがわかります。

　たとえば、課徴金の対象となるのは基本的に「重要な事項」につき虚偽の記載のある開示書類ですが、上記の自発的な訂正を促した件数の公表にみられるように、必ずしも「重要な事項」とはいえない事項であっても企業情報等が適正に開示されていない場合は検査で指摘を受け、自発的な訂正を促されるケースもあります。

　また、万が一企業情報等が適正に開示されていないことが明らかとなった場合には、正しい情報がどういったスケジュールで投資者に開示されるのかという点、つまり、投資者保護の観点からどの程度迅速に訂正報告書の提出等が行われるのかといったところは行政としても関心が高く、説明を求められる可能性が高いといえます。

　さらには、適正な開示ができなかった場合、背景としての内部管理体制等の問題点の的確な把握とその改善策の策定ができているかという点も、適正

な企業情報の迅速な開示と将来の再発防止の観点からは検査で説明を求められる可能性が高い重要なポイントです。

　実務的には、金商法26条に基づく報告徴取でこうした訂正までのスケジュールや内部管理体制等の問題点・改善策の報告を求められることもあり、そうした場合には担当者レベルではなく企業自体としての回答を迫られることから、開示書類の作成責任を負う経営陣が主体的に関与してしっかりとした検査対応を行うべきです。

Q45 上場企業はどのような場合に開示検査の検査対象先に選定されますか

A 幅広く収集された情報をさまざまな角度で分析して、開示検査の実施の必要性が高いと判断された場合に検査対象先に選定されます。また、少なくとも過年度決算の訂正の適時開示を行った場合、あるいは、開示書類の訂正報告書が提出された場合には、証券監視委の調査官からヒアリング等を受ける可能性があります。

解　説

1　検査対象先の選定

　開示検査基本指針は、各種開示書類、関係政府機関等が把握した情報、一般投資家等から寄せられた情報、公益通報等の幅広く収集された情報をさまざまな角度で分析して開示検査の実施の必要性を検討すると規定していますが、検査対象先の選定基準等については明らかにしていません。

　したがって、企業としては、どのような場合に開示検査を受けるのか事前に予測することは困難ですが、一般的には、①特定の資産項目の回転率の上昇といった財務分析による異常点の検出（脱税のような逆粉飾決算ではいわゆる「たまり」と呼ばれる簿外資産の存在が重要な兆候となるが、粉飾決算では逆に財務諸表上の不良資産の存在が重要な兆候となる）、②監査人（監査法人または公認会計士）の異動（特定の会計処理等についての企業と監査人との見解の相違が粉飾決算の兆候として現れるケースがある）、③巨額の特別損失の計上（粉飾決算による不良資産が一括処理され、本来過年度に期間帰属すべき損失処理を免れて過年度訂正を回避するケースがある）、④企業関係者からの内部通報、⑤銀行調査による資金循環や個人口座への不自然な資金の流れの検出、⑥不適正な会計処理をうかがわせる適時開示や新聞報道等といった事象により、なんらかの不適正な会計処理が想定される場合には、検査対象先の候補として

抽出される可能性が高くなると考えられます。さらに、想定される不適正な会計処理を訂正した場合の影響度をふまえて、特定の開示書類に対する開示検査の実施の必要性を判断することになると考えられます。

2　過年度訂正の適時開示等のヒアリング等

開示検査基本指針は、有価証券の発行者より過年度決算の訂正の適時開示や開示書類の訂正報告書が提出された場合等には、必要に応じて、当該発行者に対してヒアリング等を実施すると規定しており、少なくともこうした適時開示や訂正報告書の提出を行った場合には、証券監視委の調査官から接触を受け、ヒアリング等が実施されることが予想されます。

ここでいう「ヒアリング等」の位置づけ、すなわち、以下で説明する課徴金の減額報告書との関係でこれが金商法26条の権限行使に該当するのかが問題となりますが、開示検査基本指針上、検査実施の必要性を検討するうえでの情報収集の一環と位置づけられていることからすると、同条に基づく権限行使には該当しないと整理されているものと思われます。

3　ヒアリング等と課徴金の減額報告書

過年度決算の訂正の適時開示や開示書類の訂正報告書の提出を行った場合、すでに証券監視委の調査官から上記のようなヒアリング等が行われたケースであっても、課徴金の減額報告書の提出の要否を検討する必要があります。

すなわち、平成20年の金商法改正により、同法26条の規定による報告徴取または検査の前に開示書類の提出者が重要な事項につき虚偽記載等がある一定の開示書類を提出した事実を報告することにより課徴金額が50％減額される課徴金の減算制度（同法185条の7第12項）が導入されましたが、上記の情報収集目的のヒアリング等が検査権限の行使に該当しない場合には、なお課徴金減額報告により課徴金の減額を受ける可能性が残されていることに留意する必要があります。

しかし、事案によっては、情報収集目的のヒアリング等を実施せずに開示

検査の実施の必要性が判断され、過年度決算訂正の適時開示や訂正報告書の提出後の証券監視委の調査官の接触が金商法26条に基づく権限行使としての開示検査の着手の場合もありえます。

　減額報告書は訂正報告書の提出前であっても訂正の見込み額等を記載して提出することができることをふまえると、企業としては、適時開示や訂正報告書提出前であっても過年度決算の訂正数値等が固まった段階で可及的すみやかに減額報告書の提出を検討すべきです。

　なお、課徴金減算制度は、自主的なコンプライアンス体制の構築の促進および再発防止の観点から導入された制度ですが、たとえば、複数の継続開示書類が課徴金対象となる場合、最も遅く提出された開示書類に係る課徴金のみが減額対象となるため、企業にとって十分なインセンティブとして機能しているとは言いがたく、さらなる改善の余地があるといえそうです。

Q 46 開示検査では、上場企業の会計監査を行っている監査人（監査法人または公認会計士）も検査に対応する必要がありますか

A 監査人は直接の検査対象ではありませんが、開示検査の必要に応じて意見または主張を聴取されるのが一般的です。しかし、検査対象はあくまで企業であり、財務諸表の作成者として主体的かつ説得的な意見・主張を展開して検査対応を行う責任は企業にあることに留意する必要があります。

― 解　説 ―

1　二重責任の原則と開示検査基本指針

開示検査基本指針は、開示書類の重要な事項につき虚偽の記載等の法令違反が疑われる事項を把握した場合、検査対象先の意見または主張を十分聴取して的確な事実認定を行うと規定するとともに、開示検査の必要に応じ、検査対象先の監査人の意見等を聴取すると規定しています。

開示制度上、財務諸表の作成責任は経営者にあり、監査人の責任は独立の立場から財務諸表に対する意見を表明することにあるとされるいわゆる二重責任の原則により、開示検査の過程で意見または主張を尽くす責任を負うのは、あくまで財務諸表の作成責任を負う経営者です。

こうした二重責任の原則をふまえ、開示検査基本指針では、監査人は検査対象先の企業とは別個に意見等の聴取の対象とされているものと考えられます。

2　監査人からの意見聴取等の必要性

上記のように、開示検査基本指針では、監査人に対する意見等の聴取は、開示検査の必要に応じて行われると規定されています。しかし、開示検査で着目している不適正な会計処理の疑義のある取引につき監査人が監査時に把

握していた事実関係や意見形成の過程等は開示検査にとってきわめて重要な情報であることから、財務諸表の数値に係る虚偽記載の有無が問題となるケースでは、ほとんどの場合、必要性があるとして監査人に対する意見等の聴取が行われると考えていいでしょう。

ただし、開示検査は、不適正な会計処理が疑われる期間の特定の開示書類を対象として実施されることから、必ずしも現任の監査人が意見聴取等の対象となるとは限りません。監査人の異動前に提出された開示書類が検査対象となる場合には、当然、当時監査を実施した前任監査人が意見聴取等の対象となると考えられます。

3　二重責任の原則と検査対応

上記で説明した二重責任の原則は開示制度と監査制度の根幹を支えるきわめて重要な考え方であり、開示検査は開示規制の実効性を確保することによる投資者保護を目的とすることから、当然こうした二重責任の原則を前提に検査を実施します。

実務上、財務諸表の作成にあたって監査人と種々の協議等が行われますが、企業は、財務諸表の作成責任を放棄したかのような検査対応では証券監視委の調査官の理解を得られないと考えるべきです。たとえば、「疑義のある取引の会計処理が適正である理由は説明できないが、財務諸表作成当時の監査人に認めてもらったものなので問題ない。詳しくは監査人に聞いてほしい」といった説明で証券監視委の調査官を納得させることは困難であることを理解し、疑義のある取引の事実関係や会計処理について、財務諸表の作成者として主体的かつ説得的な意見・主張を展開する検査対応に努めるべきです。

Q 47 不適正な会計処理等の疑義について外部調査委員会を設置して調査を実施する場合の留意点を教えてください

A 外部調査委員会の調査結果等が後に開示検査で検証されることを想定し、外部調査委員会の独立性、中立性、専門性および調査手法の有用性・客観性を確保することに留意する必要があります。

解　説

1　開示検査と外部調査委員会

　開示検査基本指針では、検査対象先の企業が、不適正な会計処理等の疑義につき利害関係のない外部の専門家によって構成される外部調査委員会を設置して調査を実施したケースについて、外部調査委員会の独立性、中立性、専門性および調査手法の有用性・客観性を十分検証して合理性が認められた場合、調査資料や調査結果等を開示検査の事実認定において判断材料とすることができると規定しています。

　これは、企業が自浄作用を発揮する一環として、自らが主体的に事実関係を解明してステークホルダーに対する説明責任を果たす目的で外部調査委員会を設置する実務が定着してきたことをふまえ、開示検査ではそうした企業の自浄作用の発揮による開示書類の自発的訂正に向けた取組みを尊重する姿勢を示すとともに、開示検査の効率化を企図したものと考えられます。

2　外部調査委員会の調査結果等が開示検査で検証されるケース

　まず、開示検査の過程で証券監視委からの指摘によって、企業がはじめて不適正な会計処理等の疑義を把握したことを契機に、外部調査委員会を設置して調査するケースがあります。こうしたケースでは、外部調査委員会の調査結果等が開示検査で事後的に検証され、外部調査委員会の調査後に訂正が必要と判断して企業が自発的に開示書類を訂正した場合には、訂正内容の妥

当性が判断されます。一方、外部調査委員会の調査を経て企業が訂正は不要と判断した場合であっても、そうした判断の妥当性を検証するために外部調査委員会の調査結果等が開示検査で事後的に検証されることになるでしょう。

　また、企業が不適正な会計処理の疑義を自ら把握して外部調査委員会の調査を経て自発的に開示書類を訂正するケースもあります。こうしたケースでは、あえて開示検査を行って後追い的に課徴金を課すことは企業が自浄作用を発揮するインセンティブを削ぐ結果となりうることから、開示検査を実施しない場合もありうると考えられます。しかし、企業の自発的訂正の訂正内容の妥当性に疑義がある場合や、市場の関心の高い大型事案で訂正内容の妥当性を検証する必要性が高い場合などは、開示検査の必要性が高いと判断されて開示検査が実施され、その過程で事後的に外部調査委員会の調査結果等が検証されるケースが想定されます。

　上記のいずれのケースにしろ、不適正な会計処理等につき外部調査委員会を設置して調査する場合、企業としては、後に開示検査で調査結果等が検証されることを十分に想定しておく必要があります。

3　開示検査基本指針の基準に適合しない外部調査委員会の帰結

　仮に、外部調査委員会の調査を経て過年度訂正を行った後に、開示検査で外部調査委員会の調査結果等が検証され、開示検査の事実認定の判断材料にすることができないと判断された場合、証券監視委は、独自に証拠収集した事実認定の判断材料を前提に企業に対応を求めることから、外部調査委員会の調査結果を前提として対応した企業との間で、事実認定や過年度訂正の必要な範囲等をめぐって食い違いが生じる可能性が高くなります。その場合、企業は、外部調査委員会を再度設置するなどして過年度訂正の再訂正を迫られる事態も想定されます。また、企業が外部調査委員会を再度設置しても、証券監視委が、その調査結果を待たずに課徴金勧告や訂正命令勧告を行う事態も考えられます。

しかも、こうした展開で仮に開示書類を再訂正した場合、最初に提出した継続開示書類自体に加え、当初提出した訂正報告書も重要な虚偽記載があったとして、課徴金納付命令の対象となる可能性があり（金商法172条の4第1項等）、加えて、同一事業年度の継続開示書類としての按分対象とならず、それぞれ別個の課徴金の対象となる可能性があります（同法185条の7第6項かっこ書）。

　したがって、企業が外部調査委員会を設置する場合には、開示検査基本指針に示されたとおり、独立性、中立性、専門性および調査手法の有用性・客観性の確保が重要であることに留意する必要があります。

4　外部調査委員会の独立性等の判断基準

　開示検査基本指針は、外部調査委員会の独立性、中立性、専門性および調査手法の有用性・客観性の具体的な判断基準を示しておりません。

　しかし、少なくとも独立性と中立性の検討にあたっては、日本弁護士連合会が策定した「企業等不祥事における第三者委員会ガイドライン」（日弁連ガイドライン）で示された第三者委員会の独立性、中立性についての指針が参考になると思われます。実際、最近では、企業が外部調査委員会の設置を適時開示する場合、日弁連ガイドラインに沿って委員を選任した旨を開示する事例が多くみられます。

　たとえば、日弁連ガイドラインでは、企業の業務を受任したことがある弁護士や社外役員については、委員への就任を制限される「利害関係を有する者」に該当するか否かにつき、ケース・バイ・ケースで判断されると規定されていますが、企業としては、あえてこうした弁護士や社外役員を起用する場合には、その理由や、委員会自体の中立性・独立性を確保する方策等を講じておく必要があるでしょう。

　次に、調査手法の有用性・客観性の検討にあたっては、類似の不正取引の有無を検証するための調査対象の絞り込みの手段として、標準的な監査手法であるリスク・アプローチに基づくリスク分析を採用することが考えられま

す。不正の疑義のある特定の取引の事実関係に調査対象を限定して証拠を精査し、いわゆる精密司法的なアプローチで事実関係を解明するタイプの外部調査委員会が多くみられますが、日弁連ガイドラインの公表文で「標準的な監査手法であるリスク・アプローチに基づいて不祥事の背後にあるリスクを分析する必要があること」が第三者委員会の仕事の特徴としてあげられているとおり、類似の不正取引の有無は不正の原因分析のうえでも重要ですし、監査人による訂正後の財務諸表の監査や開示検査で説明を求められる可能性が高いきわめて重要なポイントです。

　さらに、不正の疑義のある取引あるいはリスク・アプローチによるリスク分析で高リスクと判定された部署等に対してデジタル・フォレンジックを活用した電子メールのレビューといったより深度のある調査手続を実施することなどが一例として考えられます。証券監視委のデジタル・フォレンジックによって後になって未発見の証拠が発見されるといった事態を防ぐためにも、デジタル・フォレンジックの活用はほぼ必須といえるでしょう。

Q48 開示検査では、開示書類のどのような項目に差異が生じると「重要な事項」についての虚偽記載と判断されますか

A 個別の事情および具体的な事案等に応じて実質的に判断されます。一般的には、連結財務諸表の純利益や純資産額に想定程度の変動が生じる場合には重要な虚偽記載と認定される可能性が高いといえますが、現物出資資産の価額・算定根拠、売上高、大株主の状況といった項目での差異も重要な虚偽記載と認定される可能性が高まっています。

解　説

1　従来の傾向

　課徴金納付命令や訂正報告書等の提出命令の要件として、開示書類の虚偽記載が「重要な事項」についてのものである必要があります。開示検査基本指針では、この重要性の判断基準は何も示されていませんが、投資者の投資判断に対する影響の有無・程度をふまえ、個別の事情および具体的な事案等に応じて実質的に判断されています。

　これまでの証券監視委の運用では、昨今の投資者が企業集団の開示情報に着目していることから、連結財務諸表における連結純利益や連結純資産額に相当程度の変動がある場合に、重要な虚偽記載と認定する事例が大宗を占めていたといえます。

2　近時の傾向

　しかし、近時、重要性の認定につき、証券監視委がより柔軟な姿勢を示す事例が出てきています。

　まず、不動産の現物出資による第三者割当増資に係る有価証券届出書の募集方法欄に記載された現物出資資産の不動産価額と、算定根拠の記載を重要な虚偽記載と認定した事例があり、これはこれまで犯則調査で刑事告発して

いた、いわゆる不公正ファイナンス事案を課徴金事案として処理した初めてのケースといえます（日本エル・シー・エーホールディングスに対する平成25年12月4日付課徴金勧告および訂正命令勧告）。

次に、有価証券報告書の大株主の状況欄に記載された大量保有者の所有株式数と発行済株式総数に対する割合を重要な虚偽記載と認定した事例があり、これは真実の所有株式数と割合との差異はそれほど大きくはなかったものの、虚偽記載により上場審査基準への抵触を免れていた点を重視して、重要な虚偽記載と認定して処理されたものと考えられます（三栄建築設計に対する平成26年6月5日付課徴金勧告）。

さらに、有価証券報告書の連結損益計算書における売上高を重要な虚偽記載と認定した事例が複数あり、これらは財務諸表の数値の虚偽記載事案ではありますが、純利益や純資産額の相当程度の差異を重要な虚偽記載と認定する従来の運用から一歩踏み出した事例と評価することができます（日本アセットマーケティングに対する平成26年6月19日付課徴金勧告およびJALCOホールディングスに対する平成26年11月21日付課徴金勧告）。

こうした近時の事例をみると、証券監視委は、単に財務諸表の数値を機械的に判断して重要性を判断しているものではなく、上場廃止基準等も考慮したうえ、投資者の投資判断に対する影響をより実質的に判断する方向に舵を切っていると考えられます。

企業としては、こうした近時の傾向を十分ふまえたうえで証券監視委による課徴金勧告や訂正命令勧告の見通しを立てるべきでしょう。

Q49 企業が提出したある有価証券報告書が開示検査の対象となり、検査の過程で訂正報告書の提出を強く促されましたが、応じなければならないのですか

A 証券監視委から訂正報告書の提出を促されても必ずしも応じる必要はありませんが、訂正報告書の提出命令の勧告を受ける可能性があることをふまえ、慎重に対応を検討するべきです。

解　説

1　訂正報告書等の自発的提出に関する意見等の聴取

開示検査基本指針は、法令違反が疑われる事項がある開示書類について訂正報告書等が提出されていない場合は、訂正報告書等の自発的提出の必要性に関する検査対象先の意見または主張を十分聴取し、訂正報告書等が提出された場合には、提出に至った経緯や訂正内容の妥当性等を検証する旨規定しています。

証券監視委は、検査対象先によって訂正報告書等が提出されていなくても、法令違反を認定して訂正命令および課徴金納付命令を勧告して検査を終了することができますが、金商法上の開示制度は、有価証券の発行者が自ら企業内容等を投資者に開示することを前提としており、誤った企業情報の是正は本来発行者自身が自発的に行うべきものです。また、継続開示義務を負う上場企業の開示規制違反を将来的に抑止する観点からも、企業自身が内部管理上の問題を改善するなどして開示書類の自発的訂正を行うことが望ましいといえます。

こうした事情をふまえ、開示検査基本指針では、開示書類の提出者の自発的訂正を促すプロセスとして、訂正報告書等が提出されていない場合の自発的訂正の必要性に関する意見等の聴取の手続が規定されたものと考えられます。

開示検査の過程で有価証券報告書の訂正報告書の提出を促されたというのは、こうした手続の過程で、自発的訂正の必要性に関する意見や主張を聴取されているということだと理解するべきです（なお、行政的にはこうした要請を「慫慂（しょうよう）」ということが多いので、以下では「慫慂」という）。

　したがって、必ずしも慫慂に応じなければならないものではなく、その対応については、以下に説明する慫慂に応じない場合と応じる場合のプロセスの相違を考慮しながら、個別事案に応じて慎重に検討すべきです。

2　慫慂に応じない場合

　証券監視委との間で見解の相違がある場合、訂正報告書の提出の慫慂に応じないという対応を選択する余地がありますが、上記のとおり、証券監視委は、訂正報告書が提出されていなくても法令違反を認定して訂正命令勧告と課徴金勧告を行うことができます。

　したがって、こうした事態を避けるべく十分な根拠に基づいて説得的な意見・主張を尽くす一方、証券監視委の勧告を想定して訂正命令の事前手続である聴聞手続、課徴金納付命令の事前手続である審判手続での対応方針も、十分に検討しておく必要があります。

　課徴金納付命令と訂正命令は、いずれも重要な虚偽記載を要件とする行政処分であるにもかかわらず、行政処分の事前手続が聴聞手続と審判手続に分かれるという制度上の複雑さに起因する、係争長期化や係争対応コスト負担のリスクに加え、訂正命令を争って足元の開示書類を提出できない場合には、上場廃止に直結するリスクが生じることから、きわめて慎重に対応方針を検討する必要があります。

3　慫慂に応じる場合

　証券監視委の慫慂に応じて訂正報告書を自発的に提出する場合、提出後に訂正内容の妥当性等を証券監視委によって検証されることになります。

　したがって、訂正項目や訂正数値、さらには、過年度訂正する期間、訂正報告書の提出の要否や訂正後の財務諸表に対する監査意見の有無等につき、

監査人や外部の専門家と協議して慎重に確定する必要があります。

　特に、四半期報告書については公衆縦覧期間が3年であるのに対し、課徴金納付命令の除斥期間が5年とされていることから、すでに公衆縦覧期間を経過したものの課徴金の除斥期間を経過していない四半期報告書の訂正報告書の提出の要否や、監査意見の要否につき問題となるケースがあります。

　訂正報告書については、第一次的にはこれを受理する財務局と相談して進めるべきといえますが、証券監視委は、監査済みの訂正報告書の訂正内容をベースに、重要な虚偽記載を認定して課徴金勧告を行うことが想定されることから、課徴金納付命令に対する対応まで視野に入れたスムーズな過年度訂正を実現するためには、訂正内容やスケジュール等については証券監視委にも情報提供しておくことが重要と考えられます。

Q50 開示検査の過程で検査対応や過年度決算の訂正につき、弁護士や外部のアドバイザーに相談する場合、証券監視委に対する許可や報告といった手続は必要ですか

A 証券監視委に対する許可や報告は不要ですが、開示検査に関係する情報は適切に情報管理を行う必要があります。

解　説

1　検査関係情報の取扱い

　開示検査基本指針は、検査関係情報（開示検査中の調査官からの質問、指摘、要請その他調査官と検査対象先の役職員等とのやりとりの内容および検査終了通知書をいう）につき、適切な情報管理を行わなければならない旨を主任証券調査官が検査対象先の責任者に説明して、その旨承諾を得るものと規定しています。

　しかし、証券監視委の証券検査では証券監視委事務局証券検査課長等の事前の承諾なく第三者に検査関係情報を開示しないという開示制限があり、外部の専門家に相談する場合にも主任検査官への事前報告が必要という制限が設けられています。

　開示検査基本指針で、検査関係情報につき証券検査と異なる取扱いを規定した理由は必ずしも明らかではありません。しかし、上場企業をはじめとする開示検査の検査対象先は不適正な会計処理等の疑義が生じた際の有事対応として検査対応を行うのが一般的であり、開示検査の過程で過年度訂正を行う場合には、投資者、証券取引所、財務局、外部調査委員会および証券監視委といった多岐にわたるステークホルダー対応を同時進行的に行いながら、金商法、会社法や証券取引所の規則等の複雑なルールに従った処理を、上場廃止を回避するために設定されたタイトなスケジュールに沿って短期間に実

行する必要があります。こうした対応は、企業の経理担当者にとってはまさに一生に一度あるかないかの経験で過去のノウハウも企業内部に蓄積されていないことが通常であることから、必然的に外部の専門家を活用せずに対応することは困難といえます。また、開示検査の検査関係情報に対して開示制限を課した場合、上場企業の適時開示義務や臨時報告書の提出義務との衝突も想定されます。

　いずれにしろ、証券監視委が証券検査と開示検査で検査関係情報の取扱いに差異を設けて開示検査の検査関係情報に開示制限を設けなかったことにより、こうした実務上の混乱が回避された点は評価することができます。

2　適切な情報管理の必要性

　上記のとおり、開示検査の検査関係情報には開示制限が設けられていないことから、外部の弁護士やアドバイザーに相談する際に証券監視委の許可や報告は必要ありません。

　しかし、検査関係情報については適切な情報管理が必要です。たとえば、開示検査の調査官からの指摘の内容はインサイダー取引規制の重要事実を構成する可能性があることから、検査関係情報を知りうる関係者の範囲を制限するなどして適切に情報管理を行う必要があります。

事項索引

あ行

委員会検査……………………10,11,21
異議申立て………………………………51
意見相違事項…………………………44,46
意見申出制度………………17,18,20,46
一般監査…………………………………60
一般検査…………………………………21
うっかりインサイダー事案……………74
エグジット・ミーティング……17,39,40
MMOU……………………………………84

か行

会員権の停止もしくは制限……………63
開示検査課………………………………71
開示制限………………………………35,37
外部調査委員会………………………125
外務員個人勧告…………………………48
過怠金の賦課……………………………63
課徴金審判手続…………………………91
課徴金制度………………………………66
課徴金納付命令…………………………86
課徴金の減額報告書…………………121
課徴金の減算制度…………………121,122
勧告……………………………………18,19,48
監査………………………………………58
監査計画…………………………………58
監査結果…………………………………62
監査対象先………………………………59
監査の実施状況…………………………61
間接強制…………………………………24
企業等不祥事における第三者委員会
　　ガイドライン……………………127
記者レク……………………………86,89
機動的・継続的監査……………………60
供述拒否権……………………………111
供述調書………………………………110

行政事件訴訟法…………………………52
行政処分……………………………48,49
行政処分事例集…………………………54
強制捜査…………………………………23
強制調査……………………23,68,109
行政手続法………………………………50
行政不服審査法…………………………51
業務改善命令…………………………53,54
業務執行決定機関………………………82
業務停止命令……………………………53
金融庁訓令………………………………55
クロスボーダー取引……………………84
経緯報告書………………………………70
検査関係情報………17,20,35〜37,55,134
検査忌避行為…………………………27,31
検査終了通知…………………………18,42
検査証票……………………………17,20,24
検査対象先………………………………4
検査着手…………………………………20
検査命令書…………………………17,20
譴責………………………………………63
現物検査……………………………17,26,27
現物出資………………………………129
講評……………………………18,39,43〜46
公表…………………………………19,53
国際取引等調査室…………………77,84
告発……………………………………107

さ行

再発防止策…………………………99,101
財務局検査……………………10,11,21
差押え…………………………………109
参考人………………………………67,77
事件関係人…………………………67,77
事実整理…………………………………17
実地監査…………………………………60
質問調査……………………67,77,79,110

質問調書	79, 83, 92	取引審査	69, 72
質問票	18, 32, 33	取引調査	66
指定職員	92	取引調査課	71, 77, 95
指摘事項	18, 42〜44	取引調査指針	67, 81
氏名	89		
社内調査	99	**な行**	
重要事実	74, 79, 82, 98	二重責任の原則	123
出頭命令	77, 79	日本証券業協会	58
準備手続	92	任意検査	23
証券検査	2	任意調査	68
証券調査官	69, 72	年金運用ホットライン	14
証券取引等監視官（部門）	67, 77		
情報受付窓口	14	**は行**	
情報公開・個人情報保護審査会	56	売買審査	70
情報公開法	55	犯則嫌疑者等	108
書類監査	60	犯則事件	67, 68, 107
審査請求	51	犯則調査	107, 108
審判官	86, 91	反面検査	17
審判廷	93	反面調査	30, 31
審判手続開始決定	91	ヒアリング	17, 28, 29, 31
審判手続開始決定書	91	被審人	91
整理票	18, 32, 33	フォローアップ監査	60
捜索	109	不公正ファイナンス	130
相場操縦	73	物件提出命令	77
		報告徴求	49
た行		法令等違反行為等	43
第三者委員会	99	**ま行**	
立会い	28, 29	無予告検査	16, 21, 26
立入検査	67, 77, 80	目録	111
調査官報告書	80, 83		
聴聞	50	**や行**	
聴聞期日	50	予告検査	16, 17, 21, 26
聴聞通知	50		
デジタル・フォレンジック	128	**ら行**	
登録事項検査	7, 8	履行状況の報告義務	54
特別監査	60	リスク・アプローチ	127
特別検査	21	臨検	109
特別調査課	71, 95, 108	臨店検査	3, 17, 21
取消しの訴え	52, 94		

事項索引 137

Q&Aよくわかる証券検査・課徴金調査の実務

平成27年6月12日　第1刷発行

　　　　　　　　　　　著　者　大久保　　暁　彦
　　　　　　　　　　　　　　　加　藤　　　豪
　　　　　　　　　　　　　　　渋　谷　　武　宏
　　　　　　　　　　　　　　　白　井　　　真
　　　　　　　　　　　　　　　長谷川　　紘　之
　　　　　　　　　　　　　　　三　宅　　英　貴
　　　　　　　　　　　発行者　小　田　　　徹
　　　　　　　　　　　印刷所　図書印刷株式会社

〒160-8520　東京都新宿区南元町19
発　行　所　一般社団法人　金融財政事情研究会
　　　　　　編集部　TEL 03(3355)2251　FAX 03(3357)7416
販　　　売　株式会社きんざい
　　　　　　販売受付　TEL 03(3358)2891　FAX 03(3358)0037
　　　　　　　URL http://www.kinzai.jp/

・本書の内容の一部あるいは全部を無断で複写・複製・転訳載すること、および磁気または光記録媒体、コンピュータネットワーク上等へ入力することは、法律で認められた場合を除き、著作者および出版社の権利の侵害となります。
・落丁・乱丁本はお取替えいたします。定価はカバーに表示してあります。

ISBN978-4-322-12684-6